Brasil despedaçado

CLOVES ALVES DE SOUZA

BRASIL DESPEDAÇADO

São Paulo, 2019

Brasil despedaçado
Copyright © 2019 by Cloves Alves de Souza
Copyright © 2019 by Novo Século Editora Ltda.

PREPARAÇÃO DE TEXTO: Bel Ribeiro
REVISÃO: Daniela Georgeto
DIAGRAMAÇÃO E CAPA: Equipe Novo Século
IMAGEM DE CAPA: Shutterstock

AQUISIÇÕES
Cleber Vasconcelos

Texto de acordo com as normas do Novo Acordo Ortográfico da Língua Portuguesa (1990), em vigor desde 1º de janeiro de 2009.

Dados Internacionais de Catalogação na Publicação (CIP)

Souza, Cloves Alves de
Brasil despedaçado
Cloves Alves de Souza
Barueri, SP: Novo Século Editora, 2019.

1. Brasil – Política e governo 2. Brasil – Aspectos sociais 3. Brasil – História moderna – Sec. XXI 4. Atualidades I. Título

19-0979   CDD-320.981

Índice para catálogo sistemático:
1. Brasil – Política e governo   320.981

NOVO SÉCULO EDITORA LTDA.
Alameda Araguaia, 2190 – Bloco A – 11º andar – Conjunto 1111
CEP 06455-000 – Alphaville Industrial, Barueri – SP – Brasil
Tel.: (11) 3699-7107 | Fax: (11) 3699-7323
www.gruponovoseculo.com.br | atendimento@novoseculo.com.br

A classe política trata os brasileiros como se fossem vassalos. Dentre os senhores da política, alguns se consideram os donos da grande senzala chamada Brasil!

A necessidade não conhece leis.
Santo Agostinho

Sumário

Introdução   9

1. Das oportunidades desperdiçadas   14

2. Das vidas perdidas nas estradas e ruas de nosso país   21

3. Do potencial do Brasil em fornecer produtos e serviços ao mundo   23

4. Da necessidade da redução do êxodo rural   29

5. Dos efeitos deletérios para os retirantes   36

6. Considerações sobre a corrupção. Suas origens e os desafios atuais   43

7. Da carta de desfiliação de Antonio Palocci Filho ao seu partido, o PT   48

8. Das medidas provisórias editadas nos governos do PT, segundo as declarações de Antonio Palocci   64

9. Dos empréstimos do BNDES para o Grupo JBS, controlado pelo grupo J&F   81

10. O retrato da educação no Brasil   88

11. Possíveis soluções   104

12. Do número absurdo de sindicatos no Brasil   120

13. Das consequências do excesso de municípios   123

14. Da evolução do número de municípios através do tempo – 1940 a 2018   125

15. Dos efeitos dessa lambança institucional   128

16. Das promessas políticas em cada eleição   138

17. Da proposta de aglutinação dos municípios   143

18. Federalização da Justiça no Brasil   146

19. Da ligação dos grandes centros produtores de alimentos aos mercados consumidores e aos portos e aeroportos do país   153

20. Do desenvolvimento do turismo interno e externo no Brasil   160

21. O aquecimento global é um dos efeitos do nosso modo de vida   163

22. Do crescente uso de entorpecentes no Brasil   167

23. Conclusão   173

Sobre o autor   183

Introdução

Por vezes desperdiçamos nosso precioso tempo em questões pouco representativas, o que pode nos fazer grande falta em certa altura da vida!

É preciso estar atento a todo momento! As preciosidades moram nos detalhes. Em cada momento perdido, perdem-se oportunidades únicas. Nesse frenesi em que vivemos, os momentos não se repetem jamais!

A velocidade com que passamos pela vida é tão alucinante, que, se não tivermos muito cuidado, passamos por ela sem sequer entendê-la ou o seu significado.

Vivemos em um milésimo de segundo, antes deste, já é passado, e depois, já é o futuro, incerto e, portanto, imprevisível. Contudo, devemos observar as coisas, bem como as relações entre elas.

Boa parte de nós corre o risco de não deixar qualquer marca pessoal da nossa curta e vibrante passagem por este majestoso planeta azul. Por isso é preciso estar presente de corpo e mente o tempo todo, como forma de tentar compreender o mínimo do significado de nossas vidas.

Estar presente significa saborear os momentos, curtir cada instante da vida presente naquele milésimo de segundo que representa nosso momento de vida. Sem a retórica do passado, ou seja, sem tentar resolver as coisas mal resolvidas do passado, mantendo-se atento ao fato de que o tempo é inexorável, e mantém sua inflexão rumo ao futuro, bem como não dar demasiada importância para o futuro incerto, que poderá ser realidade ou não!

É comum em nossa sociedade um grupo de pessoas totalmente conectadas às diversas redes sociais disponíveis, quase que 24 horas por dia, no entanto esquecendo-se de dar atenção à pessoa que está ao seu lado; ao alcance da sua voz ou do toque das suas mãos. Esse comportamento representa um desperdício de vida útil. Agindo assim você não estará presente naquele milésimo de segundo da vida real, bem como virtualmente não alcançará o outro ponto ou as pessoas a quem dispensa sua inteira atenção virtual.

Temos uma legião de pessoas com fones de ouvido ouvindo música, o que é muito bom, porém, completamente desconectadas do mundo real ao seu redor. É comum encontrarmos pessoas nas ruas sem se preocupar com o meio ambiente onde estão, simplesmente conectadas ao mundo virtual, sem reconhecer nenhuma importância das relações interpessoais ao seu redor, bem como alheias e inertes aos perigos constantes que as rondam. Não são raros os atropelamentos de pedestres que invadem a pista sem perceber, ou quedas em buracos e abismos por estarem vivendo virtualmente sua existência!

A maioria dos seres humanos passa pela vida sem se preocupar em entendê-la, age como se fosse absolutamente automático o fato de nascer, viver e morrer, e até que é realmente quase que automática essa relação, porém, cada ser, em diferentes períodos de tempo, deve deixar sua marca positiva em razão de sua existência ou dos feitos que tenha realizado ao longo da vida. Isso é mágico. Devemos entender o significado de tantas diferenças e a relação interpessoal entre os mais de sete bilhões de seres humanos que habitam este planeta.

Grandes homens deixaram suas marcas, quer na literatura, arte, ciência, arquitetura, engenharia, política e na defesa das mais diversas causas sociais. Isso certamente se deve à ansiedade humana, à inquietude, que sempre foi e continua sendo a fiel companheira daqueles que desejam sair do lugar-comum, destacar-se na multidão.

Muitos, engajados em uma busca fervorosa por entender os significados de suas vidas, quando alcançam os objetivos pelos quais viveram, ou seja, os resultados de suas buscas, inspiram-se no sentido de resolver suas aspirações intelectuais e/ou aliviar determinados sofrimentos humanos em diversos segmentos sociais ao redor do planeta.

Outros, por sua vez, veem, ou verão, nessa descoberta a oportunidade de criar artefatos e/ou desenvolver tecnologias desbravadoras de novos horizontes. Alguns fizeram fortunas observando os avanços da humanidade, buscando se antecipar, fornecer novos produtos e serviços às futuras gerações. Tivemos excelentes descobertas nas áreas da medicina e avanços tecnológicos em diversos setores. Tudo isso impulsionou a revolução humana através dos séculos. Em particular, as descobertas nas diversas áreas da medicina fizeram a grande diferença entre a vida e a morte de milhares de pessoas, e, claro, geraram fortunas incalculáveis às mentes brilhantes que as criaram.

Os seres humanos são surpreendentes e, às vezes, por demais previsíveis. Somos os mais frágeis dentre os animais. Ao nascermos, em média, demoramos cerca de um ano para dar os primeiros passos. Nossa dependência dos pais é longa; nesse aspecto, alguns assim permanecem dependentes até os 25, 30 anos ou mais. Apesar disso, muitos seres humanos se acham o máximo. Será? Ou não passamos de uma raça ainda insipiente com muito a aprender com a natureza. Feliz do homem que conserva pelo menos um amigo que possa lhe dar o último banho, pois, por mais fama ou riqueza que tenha, nenhum de nós consegue se cuidar sozinho quando acamado ou doente.

Outra grande preocupação é que não conhecemos nem aprendemos nada sobre a origem do planeta em que vivemos, bem como quais limites não devemos ultrapassar em nossa busca desenfreada por mais consumo. Apesar da escuridão em que vivemos, por conta desse desconhecimento já destruímos muita coisa, sem sequer compreender seus significados e sua importância para a continuidade de nossas vidas na Terra!

Para que se tenha uma mínima ideia do quão frágil somos, podemos observar um filhote de girafa, que, ao nascer, experimenta uma queda de cerca de três metros, mas, para se livrar de seus predadores, em menos de cinco minutos já se põe a correr com o bando!

Com nosso comportamento pernicioso, provocamos um crescente aquecimento global; poluímos os rios; os mares; os lençóis freáticos; as reservas subterrâneas de água doce.

Por conta do aquecimento global, como consequência ganhamos um processo acelerado de derretimento das camadas polares, geleiras milenares; provocamos mudanças climáticas, cujos efeitos mais visíveis são furacões, tufões, terríveis ondas de calor, desertificação de grandes áreas antes cultiváveis, severas tempestades e uma completa alteração do regime de chuvas; além de outros fenômenos naturais assustadores dos quais temos apenas uma remota ideia.

Sobre esses fenômenos, os cientistas e os governos dão outras explicações à população, independente do nome que lhes dão, cuidado este que deve ter como objetivo não apavorar as pessoas. No entanto, é bom termos em mente que tudo isso é "obra nossa", fruto da esperteza humana, que desmata para lucrar com a venda da madeira; destrói a fauna, a flora e todo o meio ambiente em que vive. Tudo isso aliado aos velhos costumes de utilizar combustíveis fósseis como se não houvesse novas formas de energia no planeta.

Com a destruição do meio ambiente, certamente em dado momento, num futuro não muito distante, na trajetória existencial de uma população de mais de sete bilhões de pessoas, nos faltará o mínimo necessário para nossa sobrevivência! Então, por último, seremos seriamente vitimados por nossa longa e cega imperícia.

Diante desse quadro, provocado por séculos de bestialidades humanas, ao fim e ao cabo morreremos! Essas mortes em massa em grande parte serão ocasionadas por terríveis guerras, nas quais nações mais poderosas buscarão conquistar belicamente novos espaços. Tudo isso se dará em função da busca por espaço habitável e cultivável. Mas esses locais serão cada vez mais escassos em nosso planeta Terra!

1. Das oportunidades desperdiçadas

As questões relativas ao excesso de municípios e à infraestrutura ausente no Brasil nos empurram para um atraso histórico, cujos efeitos são relevantes para dificultar o desenvolvimento econômico e social do país.

Diante da nova ordem econômica mundial e da modernização das relações ocorridas em todo o mundo, para as quais nosso país não se preparou, o Brasil perdeu também importantes movimentos ascendentes em sua população que poderiam alavancar seu crescimento econômico. O bônus demográfico é um exemplo do desperdício de oportunidades. Há poucos anos o Brasil teve a oportunidade de acumular riquezas, mas, pelo fato de naquele momento haver governos ineficazes, não foram aproveitadas; em certos momentos, tínhamos uma população em idade produtiva muito acima da média mundial, porém não havia empregos. Nossa situação atual é de forte declínio populacional, ou seja, vamos para a vala comum, sem acumular as necessárias riquezas para atravessar os momentos difíceis que virão com o envelhecimento da nossa população.

Nesse período desperdiçado poderíamos ter equilibrado as contas públicas. Pela primeira vez, em décadas, teríamos uma parcela maior de contribuintes, o que seria capaz de equilibrar as contas da previdência social. Esse bônus demográfico foi desperdiçado pelos governos Lula 2003 a 2010 e Dilma/Temer 2011 a 2018. Ambos governos populistas e completamente dissociados da realidade do planeta. Com sua inexperiência e costumeira arrogância, colocaram o Brasil num parafuso econômico e social, sem, no entanto, aproveitar os avanços que essa nova força de trabalho poderia proporcionar ao país.

A violência como prova da ineficiência das políticas públicas praticadas no Brasil por décadas de abandono, jogo sujo, corrupção e imensa deficiência na educação.

Perdemos o bônus demográfico quando tínhamos uma população em condição de trabalho, mas sem empregos. Agora, com a perda dessa oportunidade, começamos a caminhar para o lugar-comum, ou seja, em duas décadas chegaremos a um ponto crítico em que a força de trabalho se assemelhará aos aposentados e pensionistas. Tudo isso sem estarmos preparados economicamente para suportar uma despesa muito além da arrecadação. Não fizemos nossa poupança na previdência social; ao contrário, temos um rombo do tamanho do Brasil. No ano de 2016 a conta fechou com um rombo da ordem de R$ 150 bilhões. O rombo de 2017 foi ainda maior, da ordem de R$ 180 bilhões, e as previsões para 2018 eram assustadoras.

Temos 15 milhões de funcionários públicos entre ativos e inativos, e, fazendo uma projeção para os próximos 20 anos, chegaremos a cerca de 26 milhões, apenas com a reposição dos aposentados. Nesse cenário não se imaginam novas contratações para além das reposições das aposentadorias! Tudo isso diante de uma forte diminuição do crescimento populacional, seja pela queda do número de filhos das famílias, seja pela matança desordenada que ocorre no Brasil, violência esta que matou em 13 anos, de 2000 a 2013, 553.000 brasileiros.[1]

São impressionantes as conclusões do *Atlas da Violência* publicado em 2018.[2] Em um trecho extraído do documento, podemos notar a quantidade de vidas perdidas a cada ano no Brasil. Impressiona o número de jovens assassinados a cada ano.

Estamos perdendo a guerra para a violência, e, com isso, nosso futuro está sendo comprometido, pois estamos matando a força jovem de trabalho antes que iniciem sua fase produtiva. Seremos em breve um país de velhos, e muitos ficarão desamparados, pois seus filhos e netos estão sendo assassinados. A seguir, as conclusões do *Atlas da Violência*.[3]

Construímos e analisamos inúmeros indicadores para melhor compreender o processo da acentuada violência no país. Em 2016, o Brasil alcançou a marca histórica de 62.517 homicídios, segundo informações do Ministério da Saúde (MS). Isso equivale a uma taxa de 30,3 mortes para cada 100 mil habitantes, que corresponde a 30 vezes a taxa da Europa.

Apenas nos últimos dez anos, 553 mil pessoas perderam suas vidas devido à violência intencional no Brasil. Neste documento, escrevemos uma primeira seção para contextualizar o nível de violência letal que sofremos no país, frente à prevalência observada em outros países e continentes. Na primeira seção, analisamos a evolução da taxa de homicídios no mundo no período compreendido entre os anos 2000 e 2013, com base em uma comparação

---

1   Este número representa somente assassinatos.
2   Trabalho desenvolvido pelo Instituto de Pesquisa Aplicada (Ipea) e pelo Fórum Brasileiro de Segurança Pública (FBSP).
3   Disponível em: <http://www.ipea.gov.br/portal/images/stories/PDFs/relatorio_institucional/180604_atlas_da_violencia_2018.pdf>. Acesso em: 6 mar. 2019.

de informações fornecidas pela Organização das Nações Unidas (ONU) e pela Organização Mundial da Saúde (OMS).

Ao analisar a evolução dos homicídios no país na última década, verificamos uma enorme heterogeneidade entre as Unidades Federativas, em que se observaram variações nas taxas de -56,7%, como no caso de São Paulo, a +256,9%, como no Rio Grande do Norte.

Os dados mostram como a situação é mais grave nos estados do Nordeste e Norte do país, onde se situam as sete UFs com maiores taxas de homicídios por 100 mil habitantes, sendo elas: Sergipe (64,7), Alagoas (54,2), Rio Grande do Norte (53,4), Pará (50,8), Amapá (48,7), Pernambuco (47,3) e Bahia (46,9).

Quando analisamos a violência letal contra jovens, verificamos, sem surpresa, uma situação ainda mais grave e que se acentuou no último ano: os homicídios respondem por 56,5% da causa de óbito de homens entre 15 a 19 anos. Quando considerados os jovens entre 15 e 29 anos, observamos em 2016 uma taxa de homicídio por 100 mil habitantes de 142,7, ou uma taxa de 280,6, se considerarmos apenas a subpopulação de homens jovens. A juventude perdida trata-se de um problema de primeira importância no caminho do desenvolvimento social do país e que vem aumentando numa velocidade maior nos estados do Norte.

Outra questão que já abordamos em outras edições do *Atlas da Violência* é a desigualdade das mortes violentas por raça/cor, que veio se acentuando nos últimos dez anos, quando a taxa de homicídios de indivíduos não negros diminuiu 6,8%, ao passo que a taxa de vitimização da população negra aumentou 23,1%. Assim, em 2016, enquanto se observou uma taxa de homicídio para a população negra de 40,2, o mesmo indicador para o resto da população foi de 16, o que implica dizer que 71,5% das pessoas que são assassinadas a cada ano no país são pretas ou pardas.

Na seção sobre violência contra mulher, além de analisarmos a evolução dos homicídios por UF, levando em conta também a interação com a raça/cor da vítima, fizemos algumas breves reflexões sobre a questão do feminicídio no país.

Uma subseção que começamos a tratar no documento deste ano diz respeito ao grande problema dos estupros no país. Trouxemos dados estarrecedores sobre esse fenômeno bárbaro, em que 68% dos registros, no sistema de saúde, se referem a estupro de menores e onde quase um terço dos agressores das crianças (até 13 anos) são amigos e conhecidos da vítima e outros 30% são familiares mais próximos como pais, mães, padrastos e irmãos. Além disso, quando o perpetrador era conhecido da vítima, 54,9% dos casos tratam-se de ações que já vinham acontecendo anteriormente e 78,5% dos casos ocorreram na própria residência.

Numa outra seção, voltamos a enfatizar o papel central que uma política de controle responsável de armas de fogo exerce para a segurança de todos. Entre 1980 e 2016 cerca de 910 mil pessoas foram mortas por perfuração de armas de fogo no país. Uma verdadeira corrida armamentista que vinha acontecendo desde meados dos anos 1980 só foi interrompida em 2003, quando foi sancionado o *Estatuto do Desarmamento*. O fato é que, enquanto no começo da década de 1980 a proporção de homicídios com o uso da arma de fogo girava em torno de 40%, esse índice cresceu ininterruptamente até 2003, quando atingiu o patamar de 71,1%, ficando estável até 2016. Naturalmente, outros fatores têm que ser atacados para garantir um país com menos violência, porém, o controle da arma de fogo é central. Não é coincidência que os estados onde se observou maior crescimento da violência letal na última década são aqueles em que houve, concomitantemente, maior crescimento da vitimização por arma de fogo.

Na oitava seção, tratamos da qualidade dos dados do Sistema de Informações sobre Mortalidade (SIM) do Ministério da Saúde em cada UF. Verificamos que o número de Mortes Violentas por Causa Indeterminada (MVCIs) é preocupantemente alta em cinco estados da Federação, o que pode contribuir para diminuir a taxa de homicídio oficialmente registrada nessas localidades, uma vez que parcela das mortes violentas indeterminadas trata-se, na verdade, de agressões intencionais não registradas como tal, por ineficiência do SIM no nível dessas UFs. Quando analisada a proporção de MVCIs em relação ao total de mortes violentas (...), os três estados que aparecem em pior situação são: Minas Gerais (11,0%), Bahia (10,8%) e São Paulo (10,2%), seguidos de perto por Pernambuco (9,4%) e Rio de Janeiro (9,0%).

Nas duas últimas seções, lançamos algumas reflexões sobre os Objetivos de Desenvolvimento Sustentável (ODS) da ONU e tratamos da necessidade de se investir numa arquitetura institucional que capacite o Estado brasileiro e lhe garanta as ferramentas de governança para que se possa efetivamente implementar políticas que nos levem a um país com mais paz no futuro.

1. A evolução dos homicídios no mundo, nos continentes e nos países

Esta seção tem por objetivo analisar a evolução da taxa de homicídios no mundo no período compreendido entre os anos 2000 e 2013, bem como fazer uma comparação entre continentes e destacar características discrepantes de países em particular.[4]

Foram consideradas, alternativamente, duas bases de dados com o número anual de homicídios registrados nos países. A princípio, utilizamos os dados da Organização Mundial da Saúde (OMS), tomando por base o número de óbitos classificados pela Classificação Internacional de Doenças (CID-10) como eventos que envolvem agressões e óbitos provocados por intervenção legal (códigos X85-Y09 e Y35-Y36), o que estamos chamando aqui de homicídios OMS, que nos remeteu a uma listagem contendo informações de 121 países. Contudo, ao tratar destes individualmente, optamos, num segundo momento, por trabalhar apenas com um subconjunto, isto é, com os países que a OMS considera possuírem estatísticas confiáveis[5] sobre as agressões letais. Deste modo, analisamos os indicadores de 59 países, os quais denominamos de base de dados da OMS de alta qualidade. Para fins comparativos, também foram utilizados os dados do número anual de homicídios por país, disponibilizados pela ONU,[6] para os mesmos 121 países considerados na base da OMS.

---

4   O cálculo da taxa de homicídios foi feito por meio do quociente entre o número total de casos ocorridos no ano, dividido pela população registrada no mesmo ano, multiplicado por 100 mil habitantes.

5   http://www.who.int/bulletin/volumes/88/11/BLT-09-068809-table-T4.html.

6   Em relação aos dados populacionais anuais, foram utilizadas as bases da ONU e do FMI. A Organização das Nações Unidas disponibiliza três fontes diferentes de in-

As conclusões deste trabalho do Ipea e do FBSP nos levam à certeza de que algo precisa ser feito, e com muita urgência; não é possível tangenciar a realidade, isto é, fechar os olhos para esse verdadeiro abismo que está sendo criado no país. Sem essa força jovem, o país está condenado ao desaparecimento. Apenas em 13 anos, de 2000 a 2013, 553 mil pessoas perderam a vida devido à violência intencional no Brasil, em sua maioria jovens que sequer tinham começado sua fase produtiva, muitos ainda nem entendiam o mínimo da vida, pois o maior contingente dos vitimados situava-se entre 15 e 29 anos.

formações provenientes: 1) dos Censos Demográficos; 2) da estimativa *de jure* (indivíduos são registrados com base no país onde residem) para o ano em questão; e 3) da estimativa *de jure* considerando o ano mais recente para o qual há informação. Adotamos como critério para a estimativa da população para um determinado país num ano t, preferencialmente, a primeira fonte, e, em caso da inexistência deste dado, a segunda fonte. Caso não haja essa informação, a terceira fonte. Em situação para a qual houve divergência nas estimativas em mais de 5%, o que aconteceu para nove países, utilizamos, complementarmente, a estimativa de população do Fundo Monetário Internacional (FMI).

2. Das vidas perdidas nas estradas e ruas de nosso país

Nas estradas brasileiras vivemos outra carnificina. Por várias décadas perdemos muitas vidas nas estradas brasileiras, cerca de 47.000 mortos por ano, além de deixar mais de 470.000 feridos, que vão pesar nas despesas do INSS. O custo dessa epidemia foi de aproximadamente R$ 56 bilhões por ano. Essa montanha de dinheiro daria para resolver muitos de nossos problemas, tais como: escolas, hospitais, creches, segurança, habitação etc. Tudo isso porque falta o básico – educação. Os reflexos dessa falta aparecem em todos os setores da sociedade, e no trânsito não poderia ser diferente! Com algumas medidas pontuais, nos últimos anos conseguimos diminuir um pouco esse grande número de mortos e feridos por ano com a implantação da lei seca e, mais recentemente, do exame toxicológico, que fez o número de feridos diminuir quase pela metade. Já o de mortos caiu pouco, situando-se em torno de 200.000 feridos e 40.000 mortos por ano, o que ainda é um absurdo! Esse descalabro é fruto direto da corrupção, que rouba o dinheiro que deveria ser investido em infraestrutura, e nada é feito, pois o dinheiro sumiu em suas entranhas.

A corrupção também está na origem das mortes por falta de atendimento médico nos hospitais, nos centros de saúde, nas estradas malconservadas e/ou malconstruídas. Isso ocorre por todo o Brasil.

Na educação sua marca é mais visível, escolas malcuidadas, professores pessimamente remunerados, ausência de boas condições prediais em boa parte das unidades escolares, além do desvio do dinheiro da merenda escolar e das reformas. Tudo isso está oculto nas malas de dinheiro que circulam clandestinamente Brasil afora! Esses senhores são assassinos em série, daqueles que matam sem olhar nos olhos das vítimas, utilizam o cargo obtido por eleição ou indicação dos eleitos e, uma vez empossados na função, usam a caneta como arma para matar!

3. Do potencial do Brasil em fornecer produtos e serviços ao mundo

Nesse contexto, o Brasil pode e deve ser um importante fornecedor ao mundo não só de alimentos, mas de serviços, tecnologias, manufaturados e uma variada gama de produtos. Um país de dimensões continentais, com imensas reservas minerais e clima temperado – com sol quase o ano todo –, não deve ficar a reboque do mundo. É seu dever ser protagonista em diversos setores, como energia renovável, alimentos, biocombustíveis, entre outros!

Temos uma biodiversidade de enorme complexidade ainda a ser estudada e explorada, de onde pode sair – como, aliás, já sai – uma enorme contribuição para a ciência. Esse potencial desperdiçado pelo Brasil hoje é explorado por outras nações, pelo completo "descuido" de nossas autoridades. É sabido que muitas "missões" na Amazônia servem de pano de fundo para uma clandestina e espúria exploração da nossa biodiversidade. Depois, não adianta ficar repetindo a mesma ladainha, como se faz em relação ao ouro levado por Portugal há cinco séculos!

Os remédios fabricados com nossas matérias-primas nos são vendidos a peso de ouro. O Brasil não pode continuar sendo esse país fraco, berço da corrupção e desmandos de toda sorte. É, portanto, chegada a hora de os brasileiros de bem retomarem as rédeas do seu destino, dando um basta em tanta incompetência e roubalheira. O descuido de nossos governantes já nos custou muito caro!

Não podemos continuar a ser conhecidos pela alcunha de "república de bananas", já propalada há anos por um general americano. Isso é motivo de vergonha para quem sabe o que significa carregar essa triste e pejorativa alcunha em suas relações de negócios pelo mundo!

É preciso, pois, calibrar nosso sistema representativo, para que dele sejam excluídos os bandidos e os incompetentes, bem como os despreparados. Um governo é como uma empresa, não se coloca na direção bandidos, trapaceiros e/ou analfabetos, sob pena de provocar um completo desastre. A *contrario sensu*, é o que temos feito com a administração pública e a representação popular no Brasil em todos os níveis de governo!

Precisamos acabar com o "jeitinho brasileiro", pois é a tradução da corrupção em sua mais lídima essência! Podemos citar alguns exemplos corriqueiros: tentar subornar o guarda de trânsito; parar em vaga reservada a deficientes e idosos; parar em fila dupla; furar fila; burlar as leis de trânsito; entre outras trapaças comuns aos brasileiros.

Consertando nossos erros, podemos atrair os melhores olhares do mundo e, com isso, os investimentos de que tanto precisamos, aproveitando, dessa forma, nosso grande potencial em todos os setores.

O Brasil possui um grande potencial turístico, porém, falta a estrutura básica necessária para o seu desenvolvimento. É preciso potencializar as regiões, provê-las de uma rede de transporte eficiente, com velocidade e comodidade compatíveis com as necessidades da vida moderna.

É preciso resolver a ineficiência dos órgãos administrativos em todos os níveis, começando pelo poder central, passando pelos estados e, principalmente, municípios – afinal, é onde tudo acontece.

A forte disseminação dos municípios, sobretudo a parir da Constituição de 1988, trouxe grandes desafios administrativos e econômicos ao Brasil. A proliferação dos municípios levou a situações bizarras, que até seriam cômicas se não fossem trágicas. Imaginemos um município com população menor que 20.000 habitantes. Sim, temos milhares deles.

É romântico dizer que se mora em um município pequeno, porém, a conta dessa comodidade é que vem quebrando o Brasil nas últimas décadas!

Há uma distância considerável entre os grandes centros no Brasil, e isso se dá em razão do gigantismo desse país, com 8.516.000 km².

As diferenças culturais no Brasil ainda são grandes, embora sua diminuição pudesse ter se dado com o advento da disseminação dos meios de comunicação de massa ao longo das últimas décadas. Tal episódio, embora contribua para alavancar a cultura, é subaproveitado, muito em razão da deficiência nas programações, bem como por esbarrar em um receptor por vezes despreparado para assimilar conteúdos mais elaborados. Vivemos em um país onde a média de escolaridade é muito baixa; em razão disso, aumentam as dificuldades em implantar políticas de crescimento mais acelerado e eficaz. E, claro, facilita a dominação secular que é levada a efeito por toda sorte de picaretas.

Tudo isso pode ser melhorado, porém, a velocidade das mudanças depende da velocidade da implantação de um novo modelo de desenvolvimento do Brasil, que poderá, a partir de uma melhor distribuição da renda, baseada em um novo formato de desenvolvimento regional, abarcar todas as regiões do país.

Para isso, faz-se necessário fugir um pouco do eixo Rio-São Paulo. Esse novo modelo poderá oferecer resultados surpreendentes, como o que temos visto no campo com o advento das novas tecnologias agrícolas e a irrigação.

É, portanto, necessário incentivar o que há de melhor em cada região. Não basta, porém, apenas investir, é preciso aplicar no que é a vocação de cada região, sob pena de criar novos elefantes brancos sem nenhuma utilidade à economia regional e nacional.

No quesito agricultura, o Brasil vai muito bem quanto à produção, porém, no que diz respeito ao armazenamento, faltam silos e infraestrutura para escoamento. Temos uma infinidade de problemas a resolver: estradas quase inexistentes em determinados meses do ano; buracos; falta de pavimentação; atoleiros intermináveis, que consomem milhares de reais todos os anos sem uma solução definitiva, entre outros. Tudo isso faz que os caminhoneiros passem dias nas estradas em intermináveis atoleiros, perdendo tempo e encarecendo o frete, o que torna nossos produtos muito mais caros, e não só para o consumo interno.

Em razão dessa ineficiência da infraestrutura brasileira, perdemos competitividade no que diz respeito às exportações para os grandes mercados consumidores. Perdemos a qualidade dos produtos em razão da demora em embarcá-los para seu destino final.

Além disso, boa parte do que é produzido no campo se perde ao longo dessas malconservadas estradas, no interminável sacolejo das carroçarias das carretas e caminhões.

Outro ponto inaceitável em pleno século 21 é que o Brasil ainda tenha quase todo o escoamento da sua produção, no campo e nas cidades, baseado em transporte por caminhões, percorrendo distâncias que por vezes ultrapassam milhares de quilômetros. Isso é desperdício de dinheiro e tempo, perda de oportunidade de fincar sua marca em boa parte do mundo e ocupar um lugar de destaque como grande produtor mundial que é.

Esse estado de coisas joga por terra todo o esforço de milhares de agricultores, pequenos, médios e grandes, sobretudo os pequenos, que, com todas as dificuldades que lhes são peculiares no campo, produzem em grande quantidade, e seu esforço, em parte, é jogado fora num enorme jogo de empurra-empurra que se traduz em um emaranhado de incompetências nos diversos níveis de governo.

É preciso aperfeiçoar. Não só a produção, mas, principalmente, o armazenamento e o transporte das mercadorias, para que tudo que saia do campo efetivamente chegue à mesa do consumidor final com agilidade e eficiência que o transporte de produtos de consumo requer, sem se esquecer de que esse consumidor final, por sua vez, pode estar do outro lado do planeta.

Nossas reservas de minério de ferro devem ser transformadas em produtos acabados. É preciso parar de apenas exportar matéria-prima. Temos o minério de ferro em abundância e quase todo o nióbio do mundo, além de chapas de aço. Precisamos agregar valor aos nossos produtos e exportar para o mundo!

Temos todas as condições para um rápido e seguro desenvolvimento social duradouro, precisamos apenas ter no comando da nação bons timoneiros. Vivemos até então de remendos e de bravatas de ocasião!

Se tivermos juízo, podemos exportar água de boa qualidade para todo o planeta. Para que isso ocorra, precisamos preservar nossos mananciais, parar de poluir os rios, ou seja, cuidar daquilo que de há muito tempo vale mais que petróleo. Temos água doce suficiente para abastecer todo o planeta por 500 anos. Com o aquecimento global, a desertificação rural, o avanço do nível do mar – e a consequente contaminação por água salgada de muitos mananciais ao redor do mundo –, nossas reservas de água doce serão a salvação de muitas nações e trarão muitas riquezas ao Brasil.

Um novo sol há de brilhar por estas terras outrora lusitanas. Não é possível que tenhamos apenas ladrões da pátria no comando do Brasil, país que será, na minha modesta opinião, a nação mais importante do mundo nos próximos 50 anos!

Precisamos resgatar o orgulho do povo, fazê-lo estudar e prosperar. Nossos últimos governos mentiram para esse povo, ainda não somos autossuficientes em nada, temos tudo, mas somos mal administrados; nossos recursos naturais estão sendo desperdiçados, não geram riquezas para o povo brasileiro. Apenas os políticos levam suas migalhas nas propinas rotineiras em troca do nosso futuro!

4. Da necessidade da redução do êxodo rural

Dois processos sociais unem-se como irmãos siameses na sociedade brasileira a partir da década de 1950: êxodo rural e urbanização desenfreada. O primeiro significa um fenômeno social de transferência em grande escala da população rural para os grandes centros urbanos com o objetivo de encontrar melhores condições de trabalho e qualidade de vida.

A consequência direta dessa iniciativa gerou o inchaço das grandes cidades com o intenso processo de urbanização, com todos os resultados vividos pela falta de infraestrutura, como escolas, hospitais, saúde, habitação e violência urbana em elevada escala. Outro fato omitido refere-se ao choque e contraste cultural entre os migrantes, que levariam à crise e à desestruturação familiar, legado trágico protagonizado pelos jovens mergulhados em alta vulnerabilidade social.

Urbanização recorde

O processo de urbanização no Brasil teve início no século XX, a partir do processo de industrialização, que funcionou como um dos principais fatores para o deslocamento da população da área rural em direção à urbana. Esse deslocamento, também chamado êxodo rural, provocou a mudança de um modelo agrário-exportador para outro urbano-industrial. Atualmente, mais de 80% da população brasileira vive em áreas urbanas, o que equivale aos níveis de urbanização dos países desenvolvidos.

Até 1950 o Brasil era um país de população predominantemente agrária. As principais atividades econômicas estavam associadas à exportação de produtos agrícolas, dentre eles o café. A partir do início do processo industrial, em 1930, começou-se a criar no país condições específicas para o aumento do êxodo rural. Além da industrialização, também estiveram associados a esse deslocamento para a cidade dois outros fatores: a concentração fundiária e a mecanização das atividades produtivas no campo.

Em 1940, apenas um terço da população brasileira vivia em cidades. Foi a partir de 1950 que o processo de urbanização se intensificou, pois, com a industrialização promovida por Getúlio Vargas, e de maneira mais significativa por Juscelino Kubitschek (JK), houve a formação de um mercado interno integrado que atraiu milhares de pessoas para o Sudeste do país, região que possuía a maior infraestrutura e, por consequência, a que concentrava o maior número de indústrias e multinacionais, principalmente na região do Grande ABC, formada principalmente pelos municípios de São Bernardo do Campo, São Caetano do Sul, Santo André e Diadema.

Outro momento marcante do êxodo rural no governo JK foi a construção de Brasília, que atraiu trabalhadores das regiões Norte e Nordeste, modificando o panorama geográfico e social do Centro-Oeste.

Taxa de urbanização brasileira

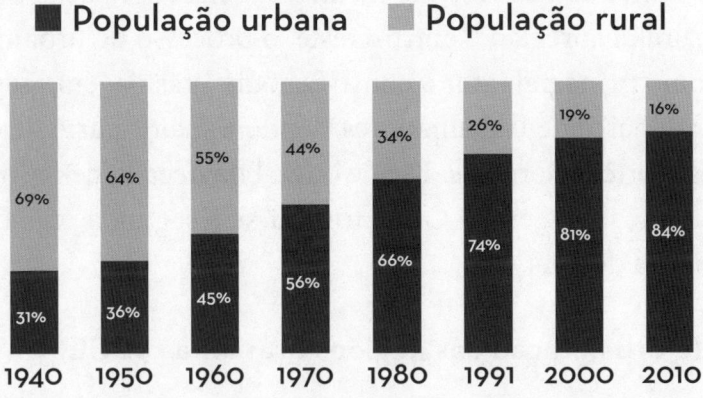

Gráfico com taxa de urbanização[7]

A partir de 1970, mais da metade dos brasileiros já se encontrava em áreas urbanas, cuja oferta de emprego e serviços, como saúde, educação e transporte, era maior. Em 60 anos, a população rural aumentou cerca de 20%, enquanto a população urbana passou de 13 milhões de habitantes para 138 milhões, um aumento de mais de 1.000%.

Contrastes

As desigualdades econômicas e a dificuldade de determinadas regiões em se inserir na economia nacional possibilitaram a ocorrência de uma urbanização diferenciada em cada uma das regiões brasileiras.

A região Sudeste, por concentrar a maior parte das indústrias do país, foi a que recebeu grandes fluxos migratórios vindos da área rural, principalmente da região Nordeste. Ao analisarmos a tabela a seguir, observamos que o Sudeste é a região que apresenta as maiores taxas de urbanização dos últimos 70 anos. A

---

[7] Fonte: IBGE. Disponível em: <http://educacao.globo.com/geografia/assunto/urbanizacao/urbanizacao-brasileira.html>. Acesso em: 6 mar. 2019.

partir de 1960, com 57%, foi a primeira a registrar uma superioridade de habitantes vivendo na área urbana em relação à população rural. Na região Centro-Oeste, o processo de urbanização teve como principal fator a construção de Brasília, em 1960, que atraiu milhares de trabalhadores, sendo a maior parte deles das regiões Norte e Nordeste. Desde o final da década de 1960 e início da de 1970 o Centro-Oeste tornou-se a segunda região mais urbanizada do país.

Taxa de Urbanização das Regiões Brasileiras (IBGE)

Região	1940	1950	1960	1970	1980	1991	2000	2007	2010
Brasil	31,24	36,16	44,67	55,92	67,59	75,59	81,23	83,48	84,36
Norte	27,75	31,49	37,38	45,13	51,65	59,05	69,83	76,43	73,53
Nordeste	23,42	26,4	33,89	41,81	50,46	60,65	69,04	71,76	73,13
Sudeste	39,42	47,55	57	72,68	82,81	88,02	90,52	92,03	92,95
Sul	27,73	29,5	37,1	44,27	62,41	74,12	80,94	82,9	84,93
Centro-Oeste	21,52	24,38	34,22	48,04	67,79	81,28	86,73	86,81	88,8

A urbanização na região Sul foi lenta até a década de 1970, em razão de suas características econômicas de predomínio da propriedade familiar e da policultura, pois um número reduzido de trabalhadores rurais acabava migrando para as áreas urbanas.

A região Nordeste é a que apresenta hoje a menor taxa de urbanização no Brasil. Essa fraca urbanização está apoiada no fato de que dessa região partiram várias correntes migratórias para o restante do país, e, além disso, o pequeno desenvolvimento econômico das cidades nordestinas não era capaz de atrair sua própria população rural.

Até a década de 1960 a região Norte era a segunda mais urbanizada do país; porém, a concentração da economia do país no Sudeste e o fluxo de migrantes desta para outras regiões fizeram que o crescimento relativo da população urbana regional diminuísse.

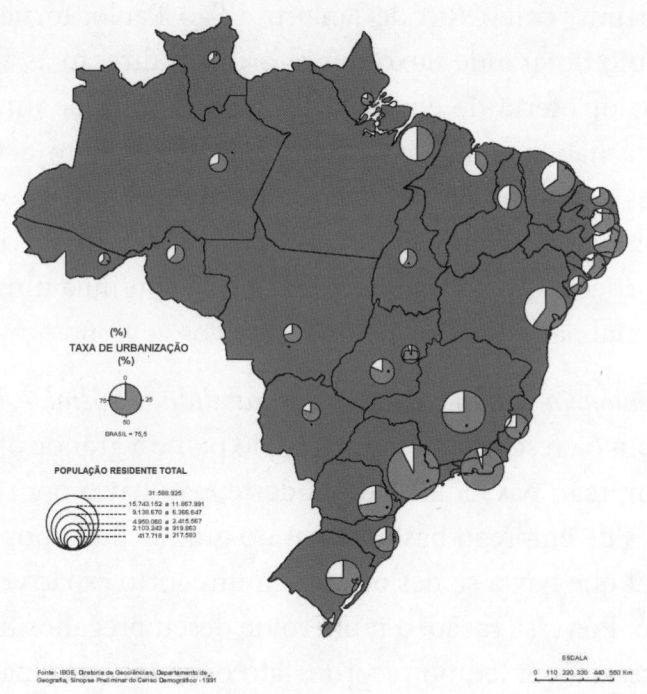

Mapa com grau de urbanização[8]

Desigualdades promovidas pelo duplo processo

O rápido e desordenado processo de urbanização ocorrido no Brasil trouxe uma série de consequências, em sua maior parte negativas no que diz respeito à qualidade de vida. A falta de planejamento urbano (como resultado imediato do inchaço dos grandes centros urbanos) e de uma política econômica menos

8   Fonte: IBGE.

concentradora contribuiu para a ocorrência dos problemas apontados a seguir:

- *Favelização, moradias inadequadas e bairros sem estrutura* – Ocupações irregulares nas principais capitais brasileiras, como Rio de Janeiro e São Paulo, tornaram-se fruto do grande fluxo migratório em direção às áreas de maior oferta de emprego do país. A falta de uma política habitacional contribuiu para o aumento acelerado das favelas no Brasil e o crescimento de bairros com total falta de planejamento e moradias inadequadas, como os cortiços. O setor habitacional ainda continua uma chaga social não resolvida pelos sucessivos governos.

- *Violência urbana e alta vulnerabilidade social* – Mesmo com o crescimento industrial do país e a grande oferta de emprego nas cidades do Sudeste, não havia oportunidades de emprego bastante para o grande fluxo populacional que havia se deslocado em um curto espaço de tempo. Por essa razão, o número de desempregados também cresceu em tempo recorde, fato ocorrido pela inadequada ou baixa qualificação educacional dos trabalhadores, resultando de imediato no aumento de roubos, furtos, tráfico de drogas e demais tipos de violência relacionados às áreas urbanas.

- *Poluição* ambiental – O grande número de indústrias e automóveis impactou o aumento das emissões de gases poluentes, assim como a contaminação dos lençóis freáticos e rios dos principais centros urbanos, e, ainda, o desmatamento da vegetação local.

- *Enchentes* – A impermeabilização do solo pelo asfaltamento e edificações, associada ao desmatamento e ao lixo industrial e residencial, fez que os problemas das enchentes passassem a ser fatos corriqueiros nas grandes cidades brasileiras, provocados também pelas mudanças climáticas.

- *Baixa qualificação educacional e prejuízos aos processos produtivos da economia* – Com o crescente desemprego e a falta de qualificação de mão de obra, a opção encontrada pelos trabalhadores foi a economia informal (vendedores ambulantes), trabalhadores de telemarketing, do recente setor de serviços ou subempregos em serviços domésticos e na construção civil.[9]

---

9 Fontes: 1. IBGE; 2. Jornais *O Estado de S. Paulo, O Globo, Folha de S.Paulo* e revistas *Veja* e *Época*.

5. Dos efeitos deletérios para os retirantes

A modernização do campo pode levar o desenvolvimento para todos, desde que aliada a um desenvolvimento regional sustentável, observando a vocação natural de cada uma das regiões do país. Se implantada com seriedade, pode ser capaz de reduzir o êxodo rural que provoca o esvaziamento do campo e o inchaço das grandes e médias cidades. São milhares de pessoas em busca de uma melhor qualidade de vida. No entanto, quase sempre o que esses retirantes encontram são favelas, cortiços e palafitas que margeiam as cidades e os mangues das cidades litorâneas. Essa condição degradante, por mais absurdo que pareça ser – e é por vezes –, é melhor do que as condições de vida que existem no campo nos rincões do Brasil.

Nossos pequenos e médios agricultores, trabalhadores rurais em geral, humilhados por décadas de abandono no campo, por vezes abandonam suas terras; isso quando não são expulsos por grandes fazendeiros, acossados pela violência de grileiros e/ou em troca de poucos trocados pela compra de sua única propriedade.

Muitos são mortos, e as terras do grande sofrem um ilegal acréscimo, situação comum nos rincões deste imenso país!

Os sertanejos, apegados às suas raízes, deixam o sertão por absoluta falta de perspectivas de vida no campo, restando-lhes a estrada, onde, desorientados e atormentados pela fome e pela miséria que assolam as regiões mais pobres do Brasil, partem sonhando com os grandes centros urbanos, que já estão saturados de pessoas sem emprego e sem moradias decentes.

Com a firme esperança de algo que possa amenizar seu sofrimento, seus filhos, a esta altura, pouco ou nenhum estudo têm! O que conhecem são a enxada e os afazeres da terra. Diante desse quadro fático, qual futuro terão esses retirantes nos grandes centros urbanos?

Muitos desses brasileiros, com raríssimas exceções, por absoluta falta de perspectivas de sobrevivência nos grandes centros urbanos, vão engrossar as fileiras do tráfico de drogas e da prostituição como meio de matar sua fome! E essa situação persiste até que, em uma das esquinas da vida, seja abatido à bala como um bandido perigoso. Ao contrário daqueles que, muito embora abastados financeiramente, com uma condição financeira diferenciada da esmagadora maioria dos brasileiros, por decisão própria, em busca de mais emoções em suas vidas de luxúria e encantamento, se jogam no mundo das drogas.

Esses meninos retirantes, transformados em bandidos, cuja condição de desamparados é fruto de governos perversos e incompetentes, são transformados precocemente em homens pela dureza da vida. Completa-se, assim, um perverso ciclo de vida em que nem sequer tiveram a chance de prosperar, crescer e frutificar, dentro dos ditames de uma sociedade justa e fraterna! Diante dessa situação alarmante, fica uma pergunta: "Que sociedade queremos construir?".

Dentre esses inocentes, transformados em bandidos pela inação de uma pátria madrasta, alguns são transformados em verdadeiros monstros, tudo pelo descuido daqueles que deles deveriam cuidar e nada fazem. As meninas, sem estudo, sem qualquer profissão, com raras e honrosas exceções, engrossam o caos social das cidades já saturadas. Em seu convívio diário, sem malícia nem as informações que receberiam em uma escola, que não tiveram a oportunidade de frequentar, logo se vêm com vários filhos e sem as mínimas condições de sobrevivência em um ambiente novo e hostil. Daí em diante repete-se o ciclo de sofrimento e humilhações por que passaram em sua própria terra natal para alimentar seus filhos, submetendo-se a qualquer coisa, inclusive à prostituição, que nada acrescentará a suas pobres vidas. A esta altura dos acontecimentos, em suas miseráveis vidas, nada mais lhes resta a não ser prosseguir com esse martírio. Essa nova profissão, no entanto, quase sempre lhes confere mais filhos "sem pai", o que provoca um grande e rotineiro desassossego social, dando continuidade a uma espiral crescente em todo o território brasileiro.

Hoje, infelizmente, é comum mulheres pobres sendo avós aos 30 anos ou menos, e bisavós na casa dos 40. Isso ocorre com frequência nas periferias das grandes cidades, assim como no meio carcerário. As cadeias brasileiras estão cheias desses exemplos!

Esses filhos dificilmente terão boas condições de educação. Assim, lamentavelmente, esse ciclo vicioso não raro realimenta essa roda trágica de um destino ingrato, reservado a milhões de brasileiros e brasileiras. Sorte madrasta esta que os faz viver em um país tão rico e sem nada que possam chamar de seu. Nem mesmo o básico, que é a educação consagrada em nossa Constituição Federal (CF), lhes é dado na prática. Um país rico, porém rotineira e incessantemente roubado por nossos mui dignos representantes políticos, "as excelências bandidas". Isso vem ocorrendo por séculos, há pouco mais de 500 anos!

Assim, continuamos povoando o Brasil com milhões de brasileiros sem as mínimas condições de sobrevivência digna nem de experimentar os benefícios de um crescimento econômico verdadeiro e duradouro, capaz de oferecer segurança social e a necessária educação aos seus filhos, para que possam, um dia, fazer uma justa distribuição de riquezas aos seus milhares de trabalhadores. O que nos resta, no entanto, é a indiferença dos governos. Até os dias de hoje, pelo que podemos ver, a boa parte desses governantes, com raríssimas e honrosas exceções, só interessa a perversa corrupção, que galopa em todos os cantos desse imenso Brasil. Nem as áreas mais prioritárias escapam de seus saques malditos. É sabido que das verbas de educação, merenda escolar e saúde são desviados cerca de 67% em um emaranhado de 5.570 municípios.

Estamos criando um imenso contingente de miseráveis em nosso país. Essa pesada conta da indiferença social, provocada pela falta de sensibilidade de nossos governantes, aliados a interesses quase sempre voltados para projetos pessoais e de seus familiares, será apresentada a toda a sociedade em forma de violência cada vez maior. Diante disso, faz-se necessário ressaltar que não existe violência maior do que um país negar aos seus filhos os direitos elementares à educação, segurança em sua infância e o direito ao pleno desenvolvimento social e intelectual. Todos os demais tipos de violência, hoje experimentados no território nacional, são derivados desse comportamento hostil de nossos despreparados governantes!

Por oportuno, faz-se necessário destacar que os despreparados governantes atingem seus objetivos eleitorais pelo sufrágio popular, ou seja, através do voto do povo, esse mesmo povo a quem foi negada educação; e assim, por inação, o ciclo se repete a cada eleição. Chego a imaginar que seja proposital manter o povo com um nível baixo de educação, assim sua manipulação se torna mais fácil.

Toda essa desordem ocorre apesar da pesada carga tributária que pagamos, uma das mais altas do mundo, que não serve, ou melhor, não é usada para custear o básico para a maioria dos brasileiros. Não há uma educação inclusiva, ou seja, a rede de educação hoje implantada em nosso país não chega aos locais mais longínquos. Milhares de filhos desta terra passam pela vida sem receber qualquer atenção do estado! Muitos brasileiros que vivem em regiões mais remotas não têm sequer o registro de nascimento. Como sonhar com uma nação pujante se o povo é tratado dessa maneira? Sem uma educação forte, não haverá futuro a este rico e pobre país! Rico por sua diversidade cultural, povo humilde, alegre e trabalhador; pobre por ter por séculos em seu comando uma legião de larápios que, com raras exceções, só se preocuparam em encher seus infindáveis bolsos com o dinheiro público.

Essa triste sina só mudará pela educação!

A fixação do homem no campo é vital para a sobrevivência de todos os brasileiros, principalmente os que vivem nos grandes centros urbanos, pois deles dependem nossa alimentação, mesmo os enlatados que consumimos são oriundos de uma produção no campo. A indústria não planta nem colhe nada, sempre há por trás dessa produção os produtores rurais.

Vivemos num país com uma população de pouco mais de 200 milhões de habitantes, mas inseridos em um sistema mundial de comércio com uma população mundial de mais de sete bilhões de pessoas. Nesse contexto, essa grande massa demanda cada vez mais alimentos; são necessárias milhares de toneladas a mais a cada ano para alimentar essa massa humana crescente. Além disso, a concorrência é grande em todas as áreas; portanto, sem um preparo que envolva educação, saúde e inserção de novas tecnologias e desenvolvimento de novos e modernos meios de armazenamento e escoamento da produção, certamente ficaremos cada vez mais à margem do desenvolvimento global.

Com isso, nosso futuro se torna cada vez mais incerto e inseguro! A prosperidade de um povo depende de seu esforço e sua educação em relação aos anseios do mundo consumidor. Assim, a velocidade e a eficiência em fornecer seus produtos e serviços fazem a diferença entre vencer ou perecer economicamente.

A concentração de grandes latifúndios, por vezes improdutivos, não deve, em regra, ser tolerada. É necessário torná-los produtivos, para que se cumpra a função social da propriedade. Frise-se que as invasões de grileiros contumazes não é o caminho para resolver essa situação. Entendo que seja necessário desenvolver uma política de valorização do homem no campo, isto é, a criação de um programa de "Estado" que vise resolver os conflitos agrários por meio de uma redistribuição das terras hoje improdutivas. Essa redistribuição deve se dar por meio de aquisição a preços de mercado, porém mediados pelos órgãos públicos, com a interveniência do Ministério Público para evitar as leviandades e jeitinhos rotineiros nos programas de assentamentos até aqui implementados.

Nos programas de assentamentos hoje existentes no Brasil, quase sempre se observa que quem verdadeiramente necessita da terra a ela não tem acesso; os lotes liberados com recursos públicos são distribuídos aos correligionários políticos dos comandantes dos referidos movimentos.

Além da moralização desses movimentos, faz-se necessária a correção dos rumos, bem como uma forte fiscalização da sua eficácia. É preciso, portanto, medir a produção efetiva de seus assentados, perquirindo com muito cuidado se os verdadeiros assentados permanecem na terra, ou se foi apenas um pano de fundo para levantar de forma ilegal e leviana um dinheiro fácil.

É preciso que haja o fornecimento de novas técnicas de cultivo aos agricultores assentados, além do acesso a financiamentos tanto da terra quanto do plantio da safra com juros aceitáveis.

Para garantir uma boa comercialização, faz-se necessária a construção de silos para estocar a produção, visando, com isso, poder equilibrar o mercado, tanto no que se refere ao mercado interno quanto ao externo.

Não entendo viável a distribuição gratuita de terras. Isso não traz àqueles donatários nenhum valor pela terra; ao contrário, se pagam por ela, ainda que um valor simbólico, a ela ficarão agarrados como um troféu conquistado com seu suor e sua luta diária!

É da natureza humana não aceitar esmola, que constitui em grande humilhação. É, portanto, um desrespeito ao homem de bem. Por outro lado, o pagamento de uma dívida social nos impõe um alento a tanto sofrimento daqueles a quem tudo foi negado, principalmente educação, saúde e salários justos, e, em vários casos, até a vida de muitos ceifada por falta do Estado!

Um país só é grande se seu povo estiver bem alimentado. O alimento a que me refiro não é apenas comida, mas também saúde, educação, emprego, moradia, boas perspectivas de vida, respeito e lazer!

Constata-se que na origem de todos os males do Brasil há três tipos de corrupção: endêmica; sistêmica e disseminada. Por vezes chego a imaginar que este país sempre ou quase sempre esteve sob o jugo de uma espécie de confraria de canalhas!

A título de exemplo, a seguir demonstraremos alguns casos do que se afirma aqui.

6. Considerações sobre a corrupção. Suas origens e os desafios atuais

Origens

Este é o questionamento que todos se fazem: "Como surgiu a corrupção no País e quais as medidas eficazes para combatê-la?".

Problema crônico da sociedade, esse é o tema de discussão em qualquer tópico, da política à formação ética. Como sanar e erradicar esse gargalo? Resumidamente, o caminho para diminuir o problema é reduzir os cargos comissionados, reformar a legislação referente às nomeações, regular e fiscalizar todas as instituições do governo e ter um povo mais instruído.

Etimologicamente, o termo "corrupção" surgiu do latim *corruptus*, que significa "ato de quebrar aos pedaços", ou seja, decompor e deteriorar algo. Entende-se também que a ação de corromper pode ser o resultado de subornar, dar dinheiro ou presentes para alguém em troca de benefícios especiais de interesse próprio. Acredito ser isso o bastante para compreender como a corrupção predomina em nossa sociedade.

A corrupção enraíza-se em vários setores da sociedade brasileira e penetra na essência do povo. Existe uma ambivalência acentuada entre as crenças e a maneira como a sociedade age e tolera práticas corruptas e privilégios. Apontamos três causas para a existência da corrupção na sociedade brasileira: histórica, política e cultural. Em primeiro lugar, a questão histórica conta com componentes como a colonização e a escravatura, instituições objetivamente violentas e injustas. Então, para sobreviver e guardar a mínima liberdade, as pessoas livres eram levadas a corromper.

O fundamento da corrupção política reside no patrimonialismo, cuja essência se baseia na ausência de limites entre as esferas pública e privada. As elites do poder organizaram o Estado com estruturas e leis que servissem a seus interesses, sem pensar no bem comum. Há um entrelaçamento entre o que é interesse público e o que é privado, havendo uso da estrutura pública para auferir ganhos pessoais e patrimoniais.

Culturalmente, podemos observar esse tipo de atitude em simples fatos do cotidiano: estacionar em vaga destinada a idosos, furar a fila no banco sem cerimônia, comprar produtos pirateados ou fugir da blitz da Lei Seca depois de ter se embriagado a noite inteira na balada. É a famosa "Lei de Gérson", levar vantagem em tudo, ou seja, a sociedade tolera a esperteza e a coloca no pedestal.

Não é nosso objetivo retomar toda a trajetória da formação do Estado brasileiro desde os tempos coloniais; no entanto, uma breve retomada pode elucidar sobre as raízes históricas desse entrelaçamento de interesses privados nas questões de Estado em nosso país.

No período colonial, três fatos permitiram a disseminação da corrupção na formação do país: a política de colonização (exploração), a distância da metrópole e a escravidão. A prática da corrupção passou a acontecer quando os portugueses chegaram para colonizar o país, ainda dentro das caravelas. Com a distância entre a metrópole (Portugal) e o Brasil, os portugueses tiveram de ser permissivos com os nobres que vieram estruturar as instituições, além de conceder vantagens para os que decidiram se estabelecer na Colônia. Não podemos nos esquecer dos degredados e exilados pela Inquisição, outro passo para fazer nascer a corrupção em terras nacionais.

A escravidão também contribuiu para o desenvolvimento da corrupção no país. Isso porque era a única forma de exploração de trabalho existente, sendo o trabalho livre pouquíssimo regulado. Assim, as pessoas livres subornavam, conseguiam favores mediante trocas ou peculato (favorecimento ilícito com dinheiro público) e nepotismo.

No Brasil Império,[10] destacamos as relações entre o Estado e a obtenção de contratos para a realização de obras públicas. Neste cenário, o Visconde de Mauá foi figura de destaque. Outro ponto a ser destacado no período é a participação dos eleitores no processo de escolha dos representantes. Uma vez que a regra era o voto censitário e masculino, havia um sistema que permitia o alistamento de eleitores de acordo com análise feita por uma comissão, ou seja, não havia um critério público que assegurasse direitos de participação política de qualquer pessoa, mas apenas daquelas que se enquadrassem nos requisitos estabelecidos por essa comissão eleitoral.

Já no período da República Velha (1889-1930), quem nunca ouviu falar no famoso "voto de cabresto", ou da compra de votos? Esses são temas que aprendemos já na escola quando crianças.

A título de exemplo, relembramos a disputa pela presidência da República entre Getúlio Vargas e Júlio Prestes, em 1929. Apesar

---

10 As informações referentes aos períodos imperial e republicano da história do Brasil tiveram como base: www.contracorrupcao.org/2013/10/breve-historia-da--corrupcaonobrasil. Acesso em: 7 mar. 2019.

de o primeiro ter sido o mais votado, foi Getúlio quem venceu, ainda que sob suspeita de ter maculado o processo eleitoral.

Outro caso que se tornou famoso, e que de tão absurdo parece anedótico, se deu durante as campanhas eleitorais de 1950: a famosa "caixinha do Adhemar", do político Adhemar de Barros, político paulista, conhecido como "um fazedor de obras" e por ser aquele que "rouba mas faz", alcunha tão difundida que parece tornar comum e aceitável a corrupção desde que obras sejam realizadas.

A "caixinha" era uma forma de arrecadação de dinheiro e de troca de favores. A transação era feita entre bicheiros, fornecedores, empresários e empreiteiros que desejavam algum benefício do político. Essa prática permitiu seu enriquecimento pessoal. Para se ter uma ideia, Adhemar de Barros costumava guardar em casa, para gastos pessoais, U$ 2,4 milhões, graças a uma nova maneira de angariar recursos para suas campanhas políticas.

Durante o período militar, iniciado com o golpe em 1964, o caso Capemi nos mostra as espúrias relações dentro de empresas estatais com o uso de recursos de uma entidade sem fins lucrativos de amparo à velhice e à infância para transferência do dinheiro para o então ministro-chefe do SNI (Serviço Nacional de Informação), general Otávio Medeiros, como subterfúgio para colocar o grupo Capemi no processo licitatório com o objetivo de desmatamento da área submersa de Tucuruí.

Outro caso memorável foi o da Coroa Brastel, cujo proprietário, Assis Paim, para agradar e estreitar relações com o governo, concedeu um empréstimo de 180 milhões de cruzeiros para a Corretora de Valores Laureano, que um ano depois não havia conseguido saldar a dívida, o que levou à sua compra por Paim com a ajuda do governo. O episódio envolveu os ministros da Fazenda e do Banco Central, à época, além do então chefe do

SNI, Golbery do Couto e Silva, cujo filho era amigo do dono da citada corretora.

Por fim, nos primeiros anos da redemocratização, não podemos deixar de lembrar o processo de impeachment do ex-presidente Fernando Collor, cujas eleições e seu financiamento, revelado posteriormente, foram pautados na organização de um esquema estruturado de captação de dinheiro, vinculação e loteamento de cargos federal.

7. Da carta de desfiliação de Antonio Palocci Filho ao seu partido, o PT

São estarrecedores os termos utilizados e os dizeres de Antonio Palocci Filho na sua carta de desfiliação. Se tudo isso for verdade, estamos diante de algo completamente anormal, pois de partido político definitivamente não se trata. Veja quão sórdida foi esta suposta trama!

Vejamos o que diz Palocci em sua carta de desfiliação ao Partido dos Trabalhadores (PT). Da análise de sua carta e também do pequeno trecho da sua delação, que vem a seguir, temos ideia do que foi montado no seio do poder central. Não era possível dar certo para o país! Isso não era um governo, mas, se confirmadas as afirmações de Palocci, tratava-se de uma poderosa organização criminosa.

....

Curitiba/PR, 26 de setembro de 2017.

Ao Diretório Nacional do Partido dos Trabalhadores

A/C Sra. Presidente **GLEISI HOFFMANN**

Senhora Presidente,

Soube pela imprensa da abertura do processo disciplinar pelo PT-RP, bem como de minha suspensão pelo Diretório Nacional por 60 dias. Confesso minha estranheza sobre o conteúdo do referido processo. Neste último período, havia me preparado para enfrentar junto ao partido um procedimento de natureza ética frente à recente condenação que sofri na 13ª Vara Federal de Curitiba, pelo DD. Juiz Sérgio Fernando Moro. Pensava ser normal que o partido procurasse saber as razões que levaram a tal condenação e minhas eventuais alegações. Mas nada recebi sobre isso.

Recebo agora as notícias de abertura de procedimento ético em razão das minhas declarações, no interrogatório judicial ocorrido no último dia 06/09/2017, sobre ilegalidades que cometi durante os governos de nosso partido.

O procedimento questiona minhas afirmações a respeito do ex-presidente Lula. Sobre isso, tenho a dizer que:

1) Há alguns meses decidi colaborar com a Justiça, por acreditar ser este o caminho mais correto a seguir, buscando acelerar o processo em causa de apuração de ilegalidades e de reformas na legislação de procedimentos públicos e na legislação partidária-eleitoral, que reclamam urgente modernização.

2) Defendo o mesmo caminho para o PT. Há pouco mais de um ano tive oportunidade de expressar essa opinião de uma maneira informal a Lula e Rui Falcão, então presidente do PT, que naquela oportunidade transmitia uma proposta apresentada por João Vaccari para que o PT buscasse um processo de leniência na Lava Jato.

3) Estou disposto a enfrentar qualquer procedimento de natureza ética no partido sobre as ilegalidades que cometi durante nossos governos, as razões e as circunstâncias que me levaram a estes atos e, mesmo considerando a força das contingências históricas, suportar pessoalmente as punições que o partido julgar cabíveis.

4) Não vejo possibilidade, entretanto, de colaborar no processo aberto pelo partido sobre minhas afirmações quanto às responsabilidades do ex-Presidente Lula nas situações citadas por ocasião do interrogatório de 06/09/2017. Isso porque tais questões fazem parte do processo de negociação com o MPF, e tal procedimento encontra-se envolto em sigilo legal. Foi por isso que naquela

oportunidade limitei-me a fatos relacionados àquele processo. Dito isto, declaro minha disposição de responder aos questionamentos do partido sobre qualquer tema, logo após os prazos legais.

5) De qualquer forma, quero adiantar que, sobre as informações prestadas em 06/09/2017 (compra do prédio para o Instituto Lula, doações da Odebrecht ao PT, ao Instituto e a Lula, reunião com Dilma e Gabrielli sobre as sondas e a campanha de 2010, entre outros) são fatos absolutamente verdadeiros. São situações que presenciei, acompanhei ou coordenei, normalmente junto ou a pedido do ex-Presidente Lula. Tenho certeza que, cedo ou tarde, o próprio Lula irá confirmar tudo isso, como chegou a fazer no "mensalão", quando, numa importante entrevista concedida na França, esclareceu que as eleições do Brasil eram todas realizadas sob a égide do caixa dois, e que era assim com todos os partidos. Naquela oportunidade ele parou por aí, mas hoje sabemos que é preciso avançar na abertura da caixa-preta dos partidos e dos governos, para o bem do futuro do país.

6) Ressalto que minha principal motivação nesse momento é que toda a verdade seja dita, sobre todos os personagens envolvidos.

7) Sob o ponto de vista político, estou bastante tranquilo em relação a minha decisão. Falar a verdade é sempre o melhor caminho. E, neste caso, não posso deixar de registrar a evolução e o acúmulo de eventos de corrupção em nossos governos e, principalmente, a partir do segundo governo Lula.

Vocês sabem que procurei ajudar no projeto do PT e do presidente Lula em todos os momentos. Convivi com as dificuldades e os avanços. Sabia o quanto seria difícil passar por tantos desafios políticos sem qualquer desvio ético. Sei dos erros e ilegalidades que cometi e assumo minhas responsabilidades. Mas não posso deixar de destacar o choque de ter visto Lula sucumbir ao pior da política no melhor dos momentos de seu governo. Com pleno emprego conquistado, com a aprovação do governo a níveis recordes, com o advento da riqueza (e da maldição) do pré-sal, com a Copa do Mundo, com as Olimpíadas, "o cara", nas palavras de Barack Obama, dissociou-se definitivamente do menino retirante para navegar no terreno pantanoso do sucesso sem crítica, do "tudo pode", do poder sem limites, onde a corrupção, os desvios, as disfunções que se acumulam são apenas detalhes, notas de rodapé no cenário entorpecido dos petrodólares que pagarão a tudo e a todos.

Alguém já disse que quando a luta pelo poder se sobrepõe à luta pelas ideias, a corrupção prevalece. Nada importava, nem mesmo o erro de eleger e reeleger um mau governo, que redobrou as apostas erradas, destruindo, uma a uma, cada conquista social e cada um dos avanços econômicos tão custosamente alcançados, sobrando poucas e boas lembranças e desnudando toda uma rede de sustentação corrupta e alheia aos interesses do cidadão. Nós, que nascemos diferentes, que fizemos diferente, que sonhamos diferente, acabamos por legar ao país algo tão igual ao pior dos costumes políticos.

Um dia, Dilma e Gabrielli dirão a perplexidade que tomou conta de nós após a fatídica reunião na biblioteca do Alvorada, onde Lula encomendou as sondas e as propinas, no mesmo tom, sem cerimônias, na cena mais chocante que presenciei do desmonte moral da mais expressiva liderança popular que o país construiu em toda nossa história.

Enfim, é por todas essas razões que não compreendo o processo aberto agora. Enquanto os fatos me eram imputados e eu me mantive calado não se cogitava minha expulsão. Ao contrário, era enaltecido por um palavrório vazio. Agora que resolvo mudar minha linha de defesa e falar a verdade, me vejo diante de um tribunal inquisitorial dentro do próprio PT. Qual o critério do partido? Processos em andamento? Condenações proferidas? Se é este o critério, o processo de expulsão não deveria recair apenas contra mim.

Até quando vamos fingir acreditar na autoproclamação do "homem mais honesto do país" enquanto os presentes, os sítios, os apartamentos e até o prédio do Instituto (!!) são atribuídos a Dona Marisa?

Afinal somos um partido político sob a liderança de pessoas de carne e osso ou somos uma seita guiada por uma pretensa divindade?

Chegou a hora da verdade para nós. De minha parte, já virei essa página. Ao chegar ao porto onde decidi chegar, queimei meus navios. Não há volta. Depurar e rejuvenescer o partido, recriar a esperança de um exercício saudável da política será tarefa para nossos novos e jovens líderes. Minha geração talvez tenha errado mais do que acertado. Ela está esgotada. E é nossa obrigação abrir espaço a novas lideranças, reconhecendo nossas graves falhas e enfrentando a verdade. Sem isso não haverá renovação.

E tenho razões ainda maiores. Nas últimas décadas, sempre me decidi pelo PT, pela política, e minha família sempre aceitou, suportou e sofreu com isso. Agora decidi pela minha família! E o fiz com a alma tranquila.

Desde que fundei o PT há 36 anos, em Ribeirão Preto com um grupo de amigos, na sede do Centro Acadêmico da Faculdade de Medicina, entre 1980/1981, dediquei-me totalmente ao partido, à política e a nossos governos.

Tive a honra e a felicidade de ser vereador e prefeito de minha cidade por duas vezes. Tive a honra de servir aos governos de Lula e Dilma. Enfrentei como Ministro da Fazenda uma das mais duras crises econômicas de nossa história, mas a competência de meus assessores permitiu um trabalho com fortes e duradouros resultados. Nunca supus que o governo tenha desandado com minha saída em 2006. Na verdade, o caminho até a crise de 2008 foi, do ponto de vista do projeto de desenvolvimento, de grande sucesso. Mas como o ovo da serpente, já se via, naqueles melhores anos, a peçonha da corrupção se criando para depois tomar conta do cenário todo.

Coordenei várias campanhas eleitorais, em vários níveis e pude acompanhar de perto a evolução de nosso poder e nossa deterioração moral. Assumo todas as minhas responsabilidades quanto a isso, mas lamento dizer que, nos acertos e nos erros, nos trabalhos honrados e nos piores atos de ilicitudes, nunca estive sozinho.

Por isso concluo:

1) Continuo a apoiar a proposta de leniência do PT

2) Após respeitar os prazos legais de sigilo quanto a minha colaboração com a Justiça, terei toda a disposição para esclarecer e depor perante o partido sobre todos esses temas.

3) Com humildade, aceitarei qualquer penalidade aprovada. Mas ressalto que não posso fazê-lo neste momento e neste formato proposto pelo partido onde quem fala a verdade é punido e os erros e ilegalidades são varridos para debaixo do tapete.

Por todas essas razões, ofereço a minha desfiliação, e o faço sem qualquer ressentimento ou rancores. Meu desligamento do partido fica então à vossa disposição.

Saudações cordiais,

Antonio Palocci Filho

....

A delação de Antonio Palocci feita na Operação Lava Jato em Curitiba, onde se encontra condenado e preso

A delação de Antonio Palocci é especialmente aterradora para seus "amigos", os ex-presidentes Lula e Dilma. Podemos observar que, como membro do partido a que pertencem os dois, e sendo figura central nos dois governos, portanto o homem forte dos governos de Luiz Inácio Lula da Silva e Dilma Vanna Roussef, esteve sempre à frente dos grandes temas do governo, seja como figura influente no partido ou como ministro nos dois governos. Diante disso, o peso e o potencial destrutivo de sua delação são potencializados.

A pequena porção da delação já liberada pela justiça nos dá a dimensão do tamanho do problema. Não é usual ver tanta desenvoltura de um partícipe em revelar detalhes sórdidos de todo o esquema de supostos e graves crimes praticados no centro do poder executivo em Brasília.

Se for capaz de apresentar provas do que diz, seus ex-chefes estão na corda bamba. Diante disso, tudo que até aqui foi revelado torna-se pequeno diante de sua delação. As declarações de Antonio Palocci têm muito peso, pois é ele um dos membros da cúpula do PT; portanto, homem forte dois governos de Lula e Dilma, falando abertamente de tudo o que participou. É uma testemunha que fez parte de todos os lances dos supostos crimes, que ele afirma ali foram praticados.

Chego a imaginar que talvez estejamos diante de mais uma comprovação do perfil do "criminoso psicológico" de Cesare Beccaria, em sua obra *Dos delitos e das penas*, de 1764. Tal tese diz que determinada pessoa só confessa um crime se quem a interroga, sem que ela espere, de repente dá um grito, e afirma que ele cometeu tal delito e confessa tudo. Talvez o longo período de prisão, aliado à primeira condenação que já foi pesada, e considerando os demais processos a serem julgados, tenha funcionado como uma espécie de *grito* capaz de liberar seus instintos!

Vejamos o que disse Antonio Palocci em sua colaboração premiada (delação premiada):

....

TERMO DE COLABORAÇÃO 01

DE ANTONIO PALOCCI FILHO

Em 13 de abril de 2018, nesta SUPERINTENDÊNCIA REGIONAL DE POLÍCIA FEDERAL NO PARANÁ, em Curitiba/PR, perante FILIPE HILLE PACE, Delegado de Polícia Federal, 2ª Classe, matrícula nº 19.291, comigo, LEONARDO CARBONERA, Escrivão de Polícia Federal, ao final assinado e declarado, ANTONIO PALOCCI FILHO, atualmente recolhido à custódia da Superintendência Regional da Polícia Federal no Paraná, na presença de seus advogados TRACY JOSEPH REINALDET DOS SANTOS, inscrito na OAB/PR sob nº 56.300, ANDRÉ LUIS PONTAROLLI, inscrito na OAB/PR sob nº 38.487, e MATTEUS BERESA DE PAULO MACEDO, inscrito na OAB/PR sob nº 83.616, compareceu, voluntariamente, com intuito de colaborar, nos termos da Lei nº 12.850/2013, com investigações desenvolvidas no bojo da assim denominada OPERAÇÃO LAVAJATO, e afirmou: QUE renuncia, na presença de seus defensores, ao direito ao silêncio, firmando o compromisso legal de dizer a verdade, nos termos do § 14º do artigo 4º da Lei nº 12.850/2013; QUE o COLABORADOR e seus defensores autorizam expressamente e estão cientes do registro audiovisual do presente ato de colaboração em mídia digital (HD Seagate

2 Terabytes. Serial Number NA8CMLAA), além do registro escrito (duas vias do termo assinadas em papel), nos termos do § 13º do artigo 4º da Lei nº 12.850/2013, os quais serão, ao final do ato, devidamente assinados e custodiados pelos representantes da POLÍCIA FEDERAL ora presentes, os quais ficarão responsáveis pela guarda, custódia e preservação do sigilo das informações e, ulteriormente, apresentação ao Tribunal Regional Federal da 4ª Região; QUE, em relação aos fatos tratados no **ANEXO 01 (LOTEAMENTO DE CARGOS NA PETROBRAS E SUA UTILIZAÇÃO PELO GOVERNO FEDERAL PARA PRÁTICA DE CRIMES)**, o COLABORADOR irá detalhar como se dava o loteamento de cargos, especificamente na PETROBRAS, para fins de arrecadação de recursos para financiamento de campanha; QUE esclarece inicialmente que, no momento da formação do primeiro governo do PARTIDO DOS TRABALHADORES, havia uma divisão entre dois grupos que propunham diferentes linhas a serem seguidas de acordo com a aliança que se pretendia fazer com os partidos que iriam compor a base do Governo; QUE essa discussão a respeito da formação do governo praticamente se seguiu durante todos os governos do PT; QUE o COLABORADOR cita a existência de dois grupos, um formado entre ele, MIRO TEIXEIRA, LUIZ GUSHIKEN e JOSE GENUÍNO, dentre outros, que pretendia seguir um caminho programático, e outro grupo formado entre JOSÉ DIRCEU e MARCO AURÉLIO GARCIA, as vezes também com DILMA ROUSSEF, que pretendia seguir um caminho pragmático; QUE segundo o COLABORADOR, o caminho programático se basearia essencialmente na aprovação da reformas constitucionais estruturais, como a reforma da previdência, tributária, do judiciário, que eram demandadas naquele momento e eram de interesse de grandes partidos; QUE essa linha seria seguida conjuntamente com o PSDB e parte do PMDB; QUE o outro caminho, denominado de pragmático, visava basicamente a aliança com pequenos partidos visando a composição de governo; QUE o caminho pragmático também achava que deveria existir antagonismo entre PT e PSDB; QUE durante os quatro governos do PT essa divisão de posições permeou as relações políticas e, progressivamente, a linha pragmática foi se tornando vencedora; QUE a posição de LUIZ INÁCIO LULA DA SILVA era a de acompanhar as discussões sem

escolher qual linha deveria ser seguida, praticando atos que poderiam se enquadrar em ambas as linhas; QUE LULA exercia um papel de mediação; QUE a visão programática, adotada pelo COLABORADOR, foi progressivamente sendo derrotada; QUE não se tratava de divisão de grupos honestos e desonestos, sendo que houve desonestidade em toda a estrutura do PT e dentre todas suas lideranças; QUE os ilícitos permearam todas essas relações; QUE o COLABORADOR, ao expor essas divisões, tenta explicar como o Governo se compôs e porque houve necessidade de se utilizar os cargos em estatais, como a PETROBRAS, para se adequar ao caminho escolhido para a formação das alianças; QUE irá apresentar o panorama geral de loteamento de cargos públicos para a sustentação dos partidos aliados, especificamente da forma ocorrida na PETROBRAS; QUE o PT se posicionou inicialmente e fortemente na PETROBRAS, com a indicação de JOSÉ EDUARDO DUTRA, para a Presidência e de JOSÉ SÉRGIO GABRIELLI, para a Diretoria Financeira, ambos indicados pelo próprio Presidente LUIZ INÁCIO LULA DA SILVA; QUE também houve indicação pelo partido de ILDO SAUER, para a Diretoria de Óleo e Gás; de GUILHERME ESTRELA, para a Diretoria de Exploração & Produção; QUE houve também a nomeação de RENATO DUQUE, a pedido de empresários que tinham relacionamento com JOSE DIRCEU; QUE ali houve o posicionamento de importante peça da operação financeira do PT junto a PETROBRAS; QUE RENATO DUQUE possuía elevada qualificação técnica e era amigo de empresários; QUE soube por terceiros que FERNANDO MOURA e LICÍNIO MACHADO tiveram papel na indicação de RENATO DUQUE; QUE não participou da indicação e não pode garantir a participação de tais empresários; QUE sabe que RENATO DUQUE participou de uma estranha entrevista prévia com SILVIO PEREIRA para alinhar sua atuação em prol do partido; QUE SILVIO PEREIRA era conhecido operador de JOSÉ DIRCEU; QUE ROGÉRIO MANSO, então Diretor de Abastecimento, foi o único diretor do governo FHC que permaneceu no cargo após a entrada do governo LULA; QUE a manutenção de ROGÉRIO MANSO foi indicação do COLABORADOR, consoante com seu objetivo de aproximação política com o PSDB, conforme explicou anteriormente; QUE a ODEBRECHT entrou em conflito com ROGÉRIO MANSO, a qual não encontrou espaço com MANSO para negociações ligadas ao preço da nafta para a BRASKEM; QUE as dificuldades impostas por MANSO eram relatadas ao COLABORADOR por PEDRO NOVIS e ALEXANDRINO ALENCAR, ambos da ODEBRECHT; QUE a ODEBRECHT se alinhou aos interesses do PARTIDO PROGRESSISTA (PP) e passou a atuar para derrubar ROGÉRIO MANSO da diretoria; QUE isso se deu porque o PP estava apoiando fortemente o governo e não encontrava espaço em Ministérios e nas estatais; QUE, observando esse cenário, LUIZ INÁCIO LULA DA SILVA decidiu resolver ambos os problemas indicando PAULO ROBERTO COSTA para a Diretoria de Abastecimento; QUE isso também visava garantir espaço para ilicitudes, como atos de corrupção, pois atendia tanto a interesses empresariais quanto partidários; QUE, assim, nas Diretorias de Serviço e Abastecimento houve grandes operações de investimentos e, simultaneamente, operações ilícitas de abastecimento financeiro dos partidos políticos; QUE o governo não sabia, à época, qual era o ganho pessoal dos diretores nessas operações; QUE isso não interessava ao governo que, embora não gostasse da prática, não trazia grandes preocupações; QUE se sabia que já existia na estrutura da PETROBRAS, em áreas de menor escalão, cometimento de ilicitudes; QUE se julgava que isso era o mínimo aceitável dentro de uma engrenagem tão grande como a da PETROBRAS, prática que é comum dentro de grandes empresas públicas e privadas, salvo raríssimas exceções; QUE não havia arrecadação de recursos financeiros por parte do Diretor da área de Exploração & Produção, GUILHERME ESTRELLA; QUE não pode garantir a licitude de atuação de parte de seus subordinados, tendo o COLABORADOR visto em algumas peças investigativas referências a tais empregados; QUE ILDO SAUER, pelo que sabe o COLABORADOR, também não participou de ilicitudes; QUE WILSON SANTAROSA, que comandava a Gerência Executiva de Comunicação Institucional, era conhecido líder sindical dos petroleiros do PT de Campinas/SP; QUE era pessoa ligada a LULA, a LUIZ MARINHO, JACOB BITTAR; QUE, em sua gerência, foram praticadas ilicitudes em conjunto com as empresas de marketing e propaganda; QUE essas empresas destinavam cerca de 3% dos valores dos contratos de publicidade ao PT através dos tesoureiros; QUE não acreditava que a atuação de SANTAROSA se dava para ganhos pessoais, e sim para ganhos partidários; QUE as ilicitudes relativas à área de SANTAROSA serão narradas em termo próprio; QUE a reeleição de LULA já ocorre com a participação do PMDB no Governo; QUE no primeiro mandato, havia apoio parcial do PMDB, sendo que, na parte final do mandato, a parte do PMDB que não havia apoiado LULA passou a compor a base do Governo; QUE, em fevereiro de 2007, logo após sua reeleição, LUIZ INÁCIO LULA DA SILVA convocou o COLABORADOR, à época Deputado Federal, ao Palácio da Alvorada, em ambiente reservado no primeiro andar, para, bastante irritado, dizer que havia tido ciência de que os Diretores da PETROBRAS RENATO DUQUE e PAULO ROBERTO COSTA estavam envolvidos em diversos crimes no âmbito das suas diretorias; QUE LULA indagou ao COLABORADOR se aquilo era verdade, tendo respondido afirmativamente; QUE então indagou ao COLABORADOR quem era a pessoa responsável pela nomeação dos diretores; QUE o COLABORADOR afirmou que era o próprio LUIZ INÁCIO LULA DA SILVA o responsável pelas nomeações; QUE também relembrou a LUIZ INÁCIO LULA DA SILVA que ambos os diretores estavam agindo de acordo com parâmetros que já tinham sido definidos pelo próprio PARTIDO DOS TRABALHADORES e pelo PARTIDO PROGRESSISTA; QUE acredita que LULA agiu daquela forma porque as práticas ilícitas dos diretores da estatal tinham chegado aos seus ouvidos e ele queria saber qual era a dimensão dos crimes, bem como sua extensão, e também se o COLABORADOR aceitaria sua versão de que não sabia das práticas ilícitas que eram cometidas em ambas as diretorias, uma espécie de teste de versão, de defesa, com um interlocutor, no caso, o COLABORADOR; QUE essa prática empregada por LULA era muito comum; QUE era comum LULA, em ambientes restritos, reclamar e até esbravejar sobre assuntos ilícitos que chegavam a ele e que tinham ocorrido por sua decisão; QUE a intenção de LULA era clara no sentido de testar os interlocutores sobre seu grau de conhecimento e o impacto de sua negativa; QUE explicitou a LULA que ele sabia muito bem porque houve a indicação pelo PP de um diretor, uma vez que o PP não fez aquilo para desenvolver sua política junto à PETROBRAS, até porque nunca as teve; QUE a única política do PP era a de arrecadar dinheiro; QUE não havia sentido em se acreditar que o PP estaria contribuindo com políticas para a exploração do petróleo; QUE relembra que, apesar do diálogo, LUIZ INÁCIO LULA DA SILVA não tomou medidas posteriores para tirar os diretores dos cargos ocupados; QUE com a descoberta do pré-sal, na mesma época, o então Presidente LULA começa a ter sonhos mirabolantes; QUE o país começava a sofrer com o efeito antecipado da chamada "maldição do petróleo", um termo utilizado na economia; QUE os próprios diretores da PETROBRAS começavam a celebrar novos contratos, os partidos políticos começavam a formatar seus planos lícitos e ilícitos, o Governo vislumbrava um país riquíssimo e com a real possibilidade de eleger seu programa quatro ou cinco vezes, e empresários ansiosos para ganhar dinheiro com o pré-sal; QUE nesse momento inicial lança-se a ideia de nacionalização do projeto do pré-sal; QUE isso se dá pelo aspecto social, de geração de empregos e desenvolvimento nacional, e objetivo, para atendimento dos interesses das empreiteiras nacionais, as quais tinham ótimo relacionamento com o Governo; QUE seria muito mais fácil discutir com a OAS, ODEBRECHT, ANDRADE GUTIERREZ e CAMARGO CORRÊA contribuições para campanhas eleitorais do que se tentar discutir os mesmos assuntos com empresas estrangeiras; QUE havia, assim, um interesse social e um interesse corrupto com a nacionalização e desenvolvimento do projeto do pré-sal; QUE, inclusive, pode afirmar que participou de reunião, no início de 2010, na biblioteca do Palácio do Alvorada, com a presença também de LUIZ INÁCIO LULA DA SILVA, DILMA ROUSSEFF e JOSÉ SÉRGIO GABRIELLI, na qual o então Presidente da República foi expresso ao solicitar do então presidente da PETROBRAS que encomendasse a construção de 40 sondas para garantir o futuro político do país e do PARTIDO DOS TRABALHADORES com a eleição de DILMA ROUSSEFF, produzindo-se os navios para exploração do pré-sal e recursos para a campanha que se aproximava; QUE LUIZ INÁCIO LULA DA SILVA, na mesma reunião, afirmou que caberia ao COLABORADOR gerenciar os recursos ilícitos que seriam gerados e o seu devido emprego na campanha de DILMA ROUSSEFF para a Presidência da República; QUE isso se dava, segundo LULA relatou e conforme narra o COLABORADOR, para garantir que o projeto seria efetivamente desenvolvido por GABRIELLI; QUE esta foi a primeira reunião realizada por LUIZ INÁCIO LULA DA SILVA em que explicitamente tratou da arrecadação de valores a partir de grandes contratos da PETROBRAS; QUE, retornando ao episódio da conversa com LULA no Palácio do Alvorada, em 2007, após o ocorrido, houve reclamação do PMDB de que não possuía posição na PETROBRAS; QUE, na Diretoria Internacional, NESTOR CERVERO representava os interesses do então Senador DELCIDIO DO AMARAL GOMEZ; QUE, posteriormente, liderada pelo então Deputado FERNANDO DINIZ, o PMDB exigiu a Diretoria Internacional; QUE FERNANDO DINIZ era notadamente corrupto; QUE inicialmente houve a recusa da nomeação de JOÃO HENRIQUES; QUE o então Deputado FERNANDO DINIZ, líder da bancada do PMDB mineiro, com apoio de HENRIQUE ALVES, EDUARDO CUNHA e MICHEL TEMER conseguem fazer LUIZ INÁCIO LULA DA SILVA nomear JORGE ZELADA para a diretoria; QUE pode exemplificar que o PMDB, ao ocupar a Diretoria Internacional, tratou de promover a celebração de um contrato de SMS na área internacional com a ODEBRECHT com larga margem para propina, a qual alcançava cerca de 5% do valor total de 800 milhões de dólares, ou seja, 40 milhões; QUE o contrato, tamanha a ilicitude revestida nele, teve logo seu valor revisado e reduzido de 800 para 300 milhões; QUE esse episódio é narrado por colaboradores da ODEBRECHT; QUE houve pressão do PMDB pela nomeação de diretor da área internacional da PETROBRAS, com episódios de trancamento da pauta do Congresso, por exemplo; QUE a respeito do PMDB, pode exemplificar que o Ministério de Minas e Energia também era ocupado por referida agremiação política, sendo que serão narradas ilicitudes referentes a isso em termo próprio; QUE, a respeito dos assuntos tratados no começo do termo, no caminho denominado de programático, também haveria a necessidade de distribuição de cargos para fins de arrecadação de recursos, mas, em virtude do alinhamento ideológico, a prática de arrecadação se daria, no entender do COLABORADOR, de forma moderada; QUE, no outro caminho, quando não havia aproximação ideológica, era óbvio que a formação do governo se dava com distribuição de cargos e dinheiro; QUE para a composição da base de apoio em esfera federal iniciou-se com PSB, PCdoB, PR, PP, PSC, dentre outros; QUE houve, já em 2004, no período das eleições municipais, um acordo nacional para que os partidos que compunham a base do Governo Federal se apoiassem mutuamente nas eleições municipais mediante acordos políticos e financeiros; QUE um exemplo de um dos acordos é o acerto entre PT e PTB, através do qual o primeiro havia se compromissado a repassar R$ 20.000.000,00 (vinte milhões de reais) ao segundo; QUE houve repasse de apenas de R$ 4.000.000,00 (quatro milhões de reais); QUE a existência dos compromissos e a ausência do cumprimento integral das avenças foi o principal motivo pelo qual se desencadeou o Mensalão; QUE em acordos com partidos pragmáticos discutem-se apenas cargos e recursos; QUE em acordos partidos programáticos, discutem-se também programas de governo; QUE a corrupção é baixa em partidos que nunca foram do governo; QUE os partidos se corrompem quando passam a integrar o governo; QUE quanto maior o tempo de governo, maior é o nível de corrupção; QUE mesmo após deixarem o governo e passarem a compor oposição, o partidos continuam com práticas corruptas; QUE, em outras palavras, os partidos podiam utilizar os cargos para fins de financiamento de suas atividades, o que poderia se dar através de diferentes modelos, por exemplo: (a) a autoridade pública utiliza o peso do cargo para, em épocas eleitorais, solicitar doação oficial, hipótese que era mais rara, porém existente em alguns partidos; (b) a autoridade utiliza o peso do cargo para, em épocas eleitorais, solicitar repasses para os partidos, sem especificar a forma, sabendo que muitas contribuições vinham como caixa dois, sendo que tal modo de atuação era o mais comum, envolvendo ministros, secretários, governadores, até o Presidente da República, entre outros; (c) a autoridade pública solicita recursos independente de época eleitoral; (d) autoridades que vendem atos de ofício diretamente; (e) venda de emendas legislativas, sendo que a prática de venda de emendas se tornou corriqueira, particularmente na venda de emendas parlamentares para medidas provisórias vindas dos governos, casos em que algumas MPs já contam com algum tipo de vício destinado a atender financiadores específicos e saem da Congresso Nacional com a extensão do benefício ilícito a diversos outros grupos privados; QUE em outras oportunidades a MP que não possui vício algum e ao tramitar pelo Congresso Nacional é acrescida de dispositivos que visam beneficiar financiadores; QUE estima que das mil medidas provisórias editadas nos quatro governos do PT, em pelo menos novecentas houve tradução de emendas exóticas em propina; (f) autoridades que praticam o desvio simples de dinheiro público, através de destinação de recursos para entidades fantasmas, programas sociais fraudados; QUE nessa prática os valores geralmente são menores (g) autoridades que representam lobbies específicos, a exemplo de membros de agências reguladoras, os quais são capturados pelas empresas que são reguladas pelas próprias agências; QUE restou consignado pela Autoridade Policial que, nesta colaboração, não são aprofundados crimes dos quais o COLABORADOR tem conhecimento mas que não guardam competência com as apurações em trâmite nos juízo de primeiro grau da OPERAÇÃO LAVAJATO; QUE o modelo de corrupção na PETROBRAS poderia se resumir pela atuação de autoridades de alto escalão, a exemplo dos diretores, que pediam dinheiro em todos os períodos, não só eleitoral, sabendo que grande parte era repassada aos partidos via caixa 2; QUE as autoridades sabiam que eram oriundos dos contratos firmados na PETROBRAS; QUE as autoridades também sabiam que os recursos iam em parte para personalidades políticas; QUE também obtinham parte dos recursos para si próprios e para auxiliares na PETROBRAS; QUE em época eleitoral quitavam-se grandes acertos de corrupção; QUE, por exemplo, grandes obras contratadas fora do período eleitoral faziam com que os empresários, no período das eleições, combinassem com os diretores que o compromisso político da obra firmada anteriormente seria quitada com doações oficiais acertadas com os tesoureiros dos partidos, coligações etc.; QUE o dinheiro dado por dentro pode sim ser ilícito, bastando que sua origem seja ilícita; QUE essa é a hipótese mais comum; QUE isso é feito para dar aparência de legalidade às doações; QUE é possível sim que hajam doações oficiais sem origem ilícita; QUE, assim, a doação oficial pode ser lícita e ilícita, bastando verificar sua origem, sendo criminosa quando originadas em acertos de corrupção; QUE o TSE não tem como saber se a doação é ilícita, uma vez que não fiscaliza a origem do dinheiro; QUE a maior parte das doações registradas no TSE é acometida de origem ilícita; QUE as contas podem ter sido regularmente prestadas e aprovadas e, ainda assim, possuírem origem ilícita; QUE os grandes arrecadadores do PT foram DELÚBIO SOARES, PAULO FERREIRA e JOÃO VACCARI; QUE, no âmbito do relacionamento com as empresas, as pessoas que tratavam de doações de grande porte junto aos empresários foram o COLABORADOR, apenas no Governo Lula e enquanto e principalmente quando exerceu mandato de Deputado Federal, além de JOSE DIRCEU e GUIDO MANTEGA; QUE o COLABORADOR nunca abriu contas no exterior para o PT, mas sabe que a agremiação já fez isso sem utilizar o nome do partido e lideranças, pelo menos segundo tem conhecimento o COLABORADOR; QUE soube que empresários abriam, apenas na confiança, contas em nome próprio e para utilização pelo PT; QUE a ilicitude das campanhas está nos próprios preços elevadíssimos que custam; QUE ninguém dá dinheiro para campanhas esperando relações triviais com o governo; QUE hoje há um grande grau de disfunção à lei eleitoral e à política partidária no Brasil; QUE, se não vierem a ser barradas, as investigações sobre isso serão até mesmo desnecessárias; QUE as prestações regulares registradas no TSE são perfeitas do ponto de vista formal, mas acumulam ilicitudes em quase todos os recursos recebidos; QUE, por exemplo, se a campanha custou 500 milhões, o valor já seria escandaloso mesmo que todos os recursos tenham origem lícita; QUE, de 500 milhões, ao menos 400 não tem origem lícita; QUE a legislação não funciona e incentiva a corrupção; QUE cada vez mais a corrupção se dá dentro das normas legais; QUE julgou correto a proibição de doações como vinham sendo feitas, mas também se deve tomar cuidado com as implicações disso, como o aumento de caixa 2, a inviabilização da eleição de pobres e pessoas que recebem, por meio de atividades profissionais, recursos antecipados para fins políticos; QUE pode citar que as campanhas presidenciais do PT custaram em 2010 e 2014, aproximadamente, 600 e 800 milhões de reais, respectivamente.

Nada mais foi tratado. Encerrado o presente termo que, lido e achado conforme, é assinado pelo Delegado de Polícia Federal proponente, pelo Escrivão de Polícia Federal, Agente de Polícia Federal testemunha e pelo colaborador, na presença de seus advogados.

8. Das medidas provisórias editadas nos governos do PT, segundo as declarações de Antonio Palocci

Em outra delação em Brasília, já no âmbito da operação Zelote, Palocci disse que "das cerca de mil medidas provisórias cerca de 980 foram negociadas", ou seja, quase todas as medidas provisórias foram vendidas a grupos empresariais como forma de incentivos fiscais, dentre outros interesses empresariais, mediante pagamento de propina aos governantes, citando nomes e datas. Se confirmadas suas declarações, poderá implicar ainda mais muita gente grande. O que é uma medida provisória (MP)? É um instrumento legal com força de lei, introduzido no Brasil em 1988. Qual sua finalidade precípua? O instituto da MP foi criado para preencher uma lacuna dos antigos decretos-leis (DL), pois não recepcionado pela Carta Magna de 1988. Porém, é uma medida excepcional, ou seja, para casos excepcionais. Com sua larga utilização para todos os casos, acaba por desvirtuar o instituto, tornando o Executivo um legislador atípico por usurpação do Poder Legislativo do Congresso Nacional. Para melhor exemplificar o instituto da MP, me valerei do trabalho de Wander Simões de Oliveira, amigo de longa jornada e fiel escudeiro, formado em Administração de Empresas, atualmente aluno do curso de Direito em São Paulo, onde, aliás, em seu trabalho teve a delicadeza de citar este humilde escritor.

Medida Provisória (MP)

Medida Provisória (MP) é um instrumento com força de lei, adotado pelo presidente da República, em casos de relevância e urgência. Produz efeitos imediatos, mas depende de aprovação do Congresso Nacional para transformação definitiva em lei. Seu prazo de vigência é de sessenta dias, prorrogáveis uma vez por igual período. Se não for aprovada no prazo de 45 dias, contados da sua publicação, a MP tranca a pauta de votações da Casa em que se encontrar (Câmara ou Senado) até que seja votada. Nesse caso, a Câmara só pode votar alguns tipos de proposição em sessão extraordinária.

Ao chegar ao Congresso Nacional, é criada uma comissão mista, formada por deputados e senadores, para aprovar um parecer sobre a MP. Depois, o texto segue para o Plenário da Câmara e, em seguida, para o Plenário do Senado.

Se a Câmara ou o Senado rejeitar a MP ou se ela perder a eficácia, os parlamentares têm que editar um decreto legislativo para disciplinar os efeitos jurídicos gerados durante sua vigência.

Se o conteúdo de uma MP for alterado, ela passa a tramitar como projeto de lei de conversão.

Depois de aprovada na Câmara e no Senado, a MP – ou o projeto de lei de conversão – é enviada à Presidência da República para sanção. O presidente tem a prerrogativa de vetar o texto parcial ou integralmente, caso discorde de eventuais alterações feitas no Congresso.

É vedada a reedição, na mesma sessão legislativa, de MP que tenha sido rejeitada ou que tenha perdido sua eficácia por decurso de prazo.

As normas sobre edição de MP estão no artigo 62 da CF:

> § 1º É vedada a edição de medidas provisórias sobre matéria: (Incluído pela Emenda Constitucional nº 32, de 2001)
>
> I – relativa a: (Incluído pela Emenda Constitucional nº 32, de 2001)
>
> a) nacionalidade, cidadania, direitos políticos, partidos políticos e direito eleitoral; (Incluído pela Emenda Constitucional nº 32, de 2001)
>
> b) direito penal, processual penal e processual civil; (Incluído pela Emenda Constitucional nº 32, de 2001)
>
> c) organização do Poder Judiciário e do Ministério Público, a carreira e a garantia de seus membros; (Incluído pela Emenda Constitucional nº 32, de 2001)
>
> d) planos plurianuais, diretrizes orçamentárias, orçamento e créditos adicionais e suplementares, ressalvado o previsto no art. 167, § 3º; (Incluído pela Emenda Constitucional nº 32, de 2001)
>
> II – que vise a detenção ou sequestro de bens, de poupança popular ou qualquer outro ativo financeiro; (Incluído pela Emenda Constitucional nº 32, de 2001)
>
> III – reservada a lei complementar; (Incluído pela Emenda Constitucional nº 32, de 2001)
>
> IV – já disciplinada em projeto de lei aprovado pelo Congresso Nacional e pendente de sanção ou veto do Presidente da República. (Incluído pela Emenda Constitucional nº 32, de 2001)
>
> § 2º Medida provisória que implique instituição ou majoração de impostos, exceto os previstos nos arts. 153, I, II, IV, V, e 154, II, só produzirá efeitos no exercício financeiro seguinte se houver sido convertida em lei até o último dia daquele em que foi editada.

§ 3º As medidas provisórias, ressalvado o disposto nos §§ 11 e 12 perderão eficácia, desde a edição, se não forem convertidas em lei no prazo de sessenta dias, prorrogável, nos termos do § 7º, uma vez por igual período, devendo o Congresso Nacional disciplinar, por decreto legislativo, as relações jurídicas delas decorrentes. (Incluído pela Emenda Constitucional nº 32, de 2001)

§ 4º O prazo a que se refere o § 3º contar-se-á da publicação da medida provisória, suspendendo-se durante os períodos de recesso do Congresso Nacional. (Incluído pela Emenda Constitucional nº 32, de 2001)

§ 5º A deliberação de cada uma das Casas do Congresso Nacional sobre o mérito das medidas provisórias dependerá de juízo prévio sobre o atendimento de seus pressupostos constitucionais. (Incluído pela Emenda Constitucional nº 32, de 2001)

§ 6º Se a medida provisória não for apreciada em até quarenta e cinco dias contados de sua publicação, entrará em regime de urgência, subsequentemente, em cada uma das Casas do Congresso Nacional, ficando sobrestadas, até que se ultime a votação, todas as demais deliberações legislativas da Casa em que estiver tramitando. (Incluído pela Emenda Constitucional nº 32, de 2001)

§ 7º Prorrogar-se-á uma única vez por igual período a vigência de medida provisória que, no prazo de sessenta dias, contado de sua publicação, não tiver a sua votação encerrada nas duas Casas do Congresso Nacional. (Incluído pela Emenda Constitucional nº 32, de 2001)

§ 8º As medidas provisórias terão sua votação iniciada na Câmara dos Deputados. (Incluído pela Emenda Constitucional nº 32, de 2001)

§ 9º Caberá à comissão mista de Deputados e Senadores examinar as medidas provisórias e sobre elas emitir parecer, antes de serem apreciadas, em sessão separada, pelo plenário de cada uma das Casas do Congresso Nacional. (Incluído pela Emenda Constitucional nº 32, de 2001)

§ 10. É vedada a reedição, na mesma sessão legislativa, de medida provisória que tenha sido rejeitada ou que tenha perdido sua eficácia por decurso de prazo. (Incluído pela Emenda Constitucional nº 32, de 2001)

§ 11. Não editado o decreto legislativo a que se refere o § 3º até sessenta dias após a rejeição ou perda de eficácia de medida provisória, as relações jurídicas constituídas e decorrentes de atos praticados durante sua vigência conservar-se-ão por ela regidas. (Incluído pela Emenda Constitucional nº 32, de 2001)

§ 12. Aprovado projeto de lei de conversão alterando o texto original da medida provisória, esta manter-se-á integralmente em vigor até que seja sancionado ou vetado o projeto. (Incluído pela Emenda Constitucional nº 32, de 2001)

....

O instituto em tese é uma medida inteligente inserida no texto da nossa CF que confere ao chefe do Poder Executivo Federal a prerrogativa de legislar (função atípica deste poder) em casos de relevância e urgência. Todavia, o que vimos da Constituição de 1988 para os nossos dias, em que pesem as vedações bem pautadas na CF, é seu uso excessivo (abusivo), senão vejamos:

Temer é o presidente da República que, proporcionalmente ao tempo de governo, mais editou MPs desde 1995, quando se iniciou o primeiro mandato do ex-presidente Fernando Henrique Cardoso, campeão absoluto com 365 medidas editadas.

Após a Constituição de 1988, somente José Sarney e Itamar Franco usaram o recurso mais vezes que Temer.

Presidente	Período	Número de MPs	Proporção
José Sarney	24 meses	125	1 a cada 5,8 dias
Fernando Collor	31 meses	89	1 a cada 10,4 dias
Itamar Franco	27 meses	142	1 a cada 5,7 dias
Fernando Henrique Cardoso	96 meses	365	1 a cada 7,8 dias
Luiz Inácio Lula da Silva	96 meses	419	1 a cada 6,8 dias
Dilma Rousseff	62 meses e 11 dias	204	1 a cada 9,17 dias
Michel Temer	18 meses	83	1 a cada 6,5 dias
	Total	1427	

Motivado pela luta contra o regime militar, universitário à época, vivi intensamente a política desde antes da elaboração da nossa Constituição, que tive o prazer de discutir com o Presidente da Assembleia Constituinte que a promulgou. Na época eu não estava cônscio da profundidade da importância daquele ato como tenho hoje.

Considerando questões perturbadoras que gritam no meu cérebro, como:

- esse passado e que desde setembro de 2003 faço prospecção de empresas para intermediar o convênio com bancos múltiplos, comerciais, de crédito, financiamento e investimento para concessão de crédito consignado (Lula editou a MP 130 em 17 de setembro de 2003);
- o escândalo do mensalão do qual foram protagonistas o Banco BMG e o liquidado Banco Rural (parece que pagou o pato);
- que tenho me debruçado sobre notícias e ações penais por conta de uma cruzada que iniciei ao lado de Cloves Alves de Souza contra a corrupção;

- a crise ética e moral que vive a nossa política num cenário em que um pouco mais de 1/3 do Congresso Nacional está de alguma maneira ligado a escândalos de corrupção;
- e, ainda, notícias, como a que dá conta que o Presidente Lula é réu por venda de MP de incentivos fiscais a montadoras.

Quantas de todas essas 1.427 medidas tinham realmente relevância e urgência? Quantas delas foram vendidas? Quem comprou? Quem foram os beneficiários? – Entre outras que fustigam meus pensamentos.

De todas essas perturbações tento escapar, mas uma verdade inescapável insiste em me atormentar: transformaram esse instituto em mais um instrumento de corrupção. Tenho medo de saber as respostas, mas é tão instigante, provocador, revelador e desafiador buscar essa verdade, que penso dará um bom livro.

Este trecho é apenas uma pequena parte das delações de Antonio Palocci. Porém, é suficiente para nos enojar e provocar os mais primitivos instintos humanos!

Diante de tais declarações, sendo estas feitas por um membro do "esquema" montado para dilapidar as finanças do país, o que dizer? Antonio Palocci joga uma pá de cal na defesa do ex-presidente Lula, além, é claro, de pavimentar o caminho da cadeia para diversos outros personagens citados por ele ligados ao governo e aos diversos partidos políticos, inclusive outros ex-presidentes.

Enquanto isso, muitos de nós, vítimas de todas essas tramas, permanecemos na infrutífera luta entre nós e eles, coxinhas *versus* mortadelas. Tudo isso constitui uma imensa ilusão. Essa divisão foi criada pelos mandatários da nação para nos dividirmos, e assim sermos mais bem controlados por eles, que literalmente nos cavalgaram por décadas!

Some-se a isso a máxima que diz: "Para ver o povo brasileiro feliz, dê a ele pão e circo". No nosso caso, pão e circo são representados pelas novelas diárias, inclusive as reprises, carnaval, futebol e, para uma grande camada da população, o Bolsa Família. Estando todos contentes, eles, os autores de toda sorte de perversidades, continuam fazendo a malversação do dinheiro público, ou seja, com todo o nosso suado dinheiro, gastando nababescamente mundo afora!

Por aqui falta de tudo, as escolas públicas caindo aos pedaços em boa parte do país, professores mal pagos, tendo que trabalhar três períodos para se sustentar, não lhes sobrando tempo para preparar aulas ou estudar. Falta esgoto para metade da população, coleta de lixo apenas em cerca de 40% dos lares brasileiros etc.

As forças de segurança do país de há muito estão jogadas às traças, não há os investimentos necessários em treinamento de pessoal, falta a necessária infraestrutura, salários baixos, sem condições legais de efetuar seu trabalho, leis que só punem os policiais. Os bandidos, por sua vez, em função das frouxas leis do Brasil, entram e saem pela porta da frente das delegacias, ostentam armas de grosso calibre, e tudo isso por fraqueza legislativa. Em um Congresso formado por parlamentares malpreparados, e alguns mal-intencionados, temos como resultante a criação de leis que só protegem malfeitos. A sociedade brasileira está abandonada à própria sorte. Uma reação da sociedade, por seus representantes, se faz urgente!

Por parte do crime, a pena de morte de há muito foi instituída para os brasileiros de bem; os marginais, ao que parece, têm mais coragem que nossos legisladores. Nós, os cidadãos, nada podemos fazer, todos somos dependentes das forças policiais, aliás, como deve ser. Porém, estas deveriam estar preparadas e equipadas, isto é, com a proteção legal adequada para realizar seu trabalho, sem, no entanto, sofrer as punições estabelecidas por governos fracos e/ou coniventes com a banda podre da sociedade brasileira!

Estamos perdendo a guerra para o crime em todo o país; em alguns estados já a perdemos há muito tempo. É preciso que haja mudanças severas, tanto na legislação punitiva quanto nas condições de trabalho das forças de segurança, e também a resolução da questão do sistema prisional no país.

É preciso ter consciência de que presos, apesar de sua conduta antissocial, não podem ser tratados como lixo. Sim, é esse o tratamento dado hoje aos presos em todo o sistema prisional do Brasil. Se continuarmos a tratá-los assim, continuaremos a construir e manter "escolas de formação superior para bandidos, com direito a pós-graduação e doutorado", em vez de ressocializá-los. É preciso dar-lhes uma profissão durante sua estada nas cadeias do Brasil, possibilitando, assim, a chance de ressocialização!

Se querem sustentar suas famílias enquanto estão presos, que o façam trabalhando, produzindo algo útil à sociedade, além de obterem redução de pena pelo tempo trabalhado. É desse trabalho que deve advir o sustento da família do preso, e não da sociedade vítima. O sistema, como funciona hoje, incentiva o cometimento de crimes, é garantia de recebimento de um salário, além de contar com a segurança do Estado para sua vida!

A família da vítima nada recebe, nem a atenção dos órgãos do Estado, quando muito um atestado de óbito!

O sistema prisional no Brasil é um barril de pólvora prestes a explodir. Estamos todos sentados sobre um imenso paiol, que a qualquer momento nos trará dissabores, cujos prejuízos são incalculáveis.

Disse Lula em 2009: "Não podemos ter preconceito com países não democráticos".[11]

Essa frase foi dita na Cúpula das Nações Africanas, e fez parte daquilo que norteou a política externa. Buscar ampliar o comércio com nações periféricas, aproveitando-se dos seus ganhos com a alta de preços de produtos como o petróleo, levou Lula a peregrinar pela África e pelo Oriente Médio como poucos presidentes no mundo. Dessas saudações da diplomacia brasileira a nações ditatoriais, ou "não democráticas", bilhões em obras para empreiteiras brasileiras, como OAS e Odebrecht, surgiram. Outros bilhões, porém, saíram do Brasil para financiar obras e serviços.

Um dos países com pior colocação mundial em rankings de competitividade, o Brasil optou por financiar obras e serviços em países ao redor do mundo com o intuito de lucrar por meio delas. Através de contratos até pouco tempo secretos (alguns ainda assim permanecem), centenas de obras, como rodovias, hidrelétricas, ferrovias, barragens, aeroportos e metrôs, foram erguidas na América Latina e na África, alvos principais da atuação brasileira.

Ao todo, US$ 11,9 bilhões foram desembolsados apenas pelo BNDES, o banco público responsável por realizar esses financiamentos. Segundo apontou *O Globo*, tais empréstimos causaram prejuízo anual de *R$ 1,1 bilhão* ao trabalhador, uma vez que esses desembolsos são realizados com recursos do Fundo de Amparo ao Trabalhador (FAT), financiado com parte dos salários de cada trabalhador brasileiro.

---

11 Da distribuição do dinheiro do Brasil aos membros do Foro de São Paulo, todas nações comunistas: distribuição feita pelos ex-presidentes Sr. Luiz Inácio Lula da Silva, 2002 a 2010, e sua sucessora Sra. Dilma Vanna Roussef, 2011 a 2016.

A prática de financiar países em situações ditatoriais – diga-se a verdade – não é uma exclusividade brasileira. A ausência de critérios objetivos para se determinar certos financiamentos, por outro lado, é algo particularmente tupiniquim. A falta de transparência nos contratos (alguns, como os do porto de Mariel em Cuba, realizados em condições completamente atípicas) é motivo mais do que suficiente para que se questione a motivação pela qual esses financiamentos são aprovados. Revelações indicando lobby do ex-presidente Lula a favor de empreiteiras, como as reveladas na 14ª fase da Operação Lava Jato, temperam ainda mais as suspeitas.

Muito mais do que enaltecer ditaduras com palavras, o governo brasileiro vem há algum tempo empenhando-se para dar suporte a elas, tudo à custa de alguns bilhões subtraídos do bolso do trabalhador. A seguir selecionamos seis exemplos.[12]

1. Angola

Uma das mais antigas ditaduras do planeta, Angola tem sido um dos principais alvos do esforço brasileiro em estreitar relações com países africanos. Entre 2002 e 2012 o comércio entre ambos os países cresceu 416%, chegando as exportações brasileiras a US$ 1,3 bilhão e as importações a US$ 1,2 bilhão. Dentre os principais produtos importados pelo Brasil, o petróleo angolano lidera.

O país africano é atualmente o que mais rende contratos a empreiteiras brasileiras, e é o maior recebedor de recursos do BNDES, com US$ 5 bilhões já concedidos. A construção de rodovias e hidrelétricas por parte de empresas como Odebrecht e Camargo Corrêa faz do país um parceiro comercial importante.

---

12 Disponível em: <https://spotniks.com/7-ditaduras-financiadas-pelo-governo-brasileiro-nos-ultimos-anos/>. Acesso em: 25 out. 2018:

Terra da mulher mais rica do continente africano, filha do presidente do país (que está no cargo desde 1979), Angola é também um celeiro fértil para investimentos brasileiros. Sua maior empregadora é justamente a brasileira Odebrecht, dona de uma rede de supermercados e financiadora do Santos Futebol Clube, que homenageia ao mesmo tempo o time brasileiro e o presidente do país.

Junto de Cuba, Angola é um dos dois países em que o BNDES tornou secretos os contratos. As condições de financiamento, taxas de juros e prazos permanecem desconhecidas. As relações brasileiras com o país são também alvo de investigadores da Polícia Federal na Operação Lava Jato, uma vez que US$ 50 milhões teriam sido doados por empresas brasileiras a campanhas no país. O valor, segundo apurou a Polícia Federal, teria sido pago a João Santana, marqueteiro do PT e do presidente angolano.

2. Cuba

No poder desde 1959, a família Castro segue influenciando nações latino-americanas com suas ideias. Em troca, o país recebe centenas de milhões de dólares em exportações agrícolas, financiamentos dos mais diversos, doações de barris de petróleo ou mesmo alimentos. Tudo a despeito de viver em um bloqueio comercial.

Há não muito tempo, quase 1 milhão de toneladas de alimentos partiu dos estoques da Companhia Nacional de Abastecimento para o país a título de doação.

Mais conhecido, o porto de Mariel, construído no país e financiado pelo BNDES, levou US$ 682 milhões em recursos do banco. Junto com Angola, foram US$ 850 milhões apenas em 2014. Obras das mais diversas, como o aeroporto da capital ou usinas de cana-de-açúcar operadas pela brasileira Odebrecht, são alvos dos empréstimos feitos em condições mais do que especiais.

Conforme apurado pela revista *Época*, o financiamento do porto cubano contou com cláusulas que estabeleciam prazos até duas vezes maiores que o normal, e garantias dadas em "rendas do tabaco". Em suma, Cuba recebeu quase 1 bilhão de dólares a ser pago em um tempo mais do que razoável e com rendas incertas. No meio da negociação, segundo a revista, esteve o ex--presidente Lula (que está processando a revista).

E não apenas de financiar obras vive a relação brasileira com tais países. De Cuba o Brasil importa serviços através do Mais Médicos, pagando cerca de R$ 10 mil por médico cubano. Já Cuba terceiriza a mão de obra do sistema de saúde brasileiro, gerando recursos volumosos para o regime dos irmãos Castro, que ficam com até 70% dos valores recebidos pelos profissionais. Nessa modalidade o Brasil já repassou R$ 2,8 bilhões à ilha caribenha.

3. Zimbábue

Há 30 anos no poder, Robert Mugabe, o ditador zimbabuano, lidera uma das nações mais pobres do continente africano, conhecida por muitos apenas pela sua exorbitante taxa de inflação e pela nota de 1 trilhão de "dólares do Zimbábue".

Com números alarmantes de desnutrição infantil e alto índice de pessoas vivendo na miséria, o país é alvo constante de doações internacionais que buscam amenizar o caos. Sua situação produtiva e corrupção crônica, entretanto, impedem a efetividade das medidas desse gênero. Regras instáveis, que levaram à expropriação de fazendeiros brancos para a realização de uma reforma agrária forçada, fazem da produção agrícola no país algo longe do necessário.

Ditador mais velho do mundo, com 92 anos, Mugabe é um dos envolvidos no escândalo do Panamá, Papers, que envolve documentos da empresa Mossack Fonseca, responsável por ajudar inúmeras pessoas ao redor do mundo a ocultar patrimônio (a empresa é também citada na Operação Triplo X da Lava Jato, uma vez que os apartamentos vizinhos ao Triplex da OAS no Guarujá estão em nome de uma *off-shore* criada pela empresa).

Para o Brasil, porém, Zimbábue é uma terra de oportunidades. Recentemente, em 2013, o BNDES decidiu liberar *R$ 250 milhões* em uma linha de crédito ao governo do país.

4. Venezuela

Enquanto a Venezuela entra em um estágio avançado de convulsão social, decretando feriado para economizar energia, sofrendo com desabastecimento e o aumento da pobreza, além da maior recessão do continente, para o Brasil nada mudou. O país vizinho ainda é o mesmo de 2005, quando promessas de investimento de bilhões o tornavam um parceiro comercial relativamente forte.

A promessa de investir em uma refinaria com a Petrobras em Pernambuco, por exemplo, resultou em calote. Nada que abalasse os investimentos brasileiros e os recursos destinados a obras no país. Pontes, hidrelétricas e rodovias foram financiadas por lá com dinheiro brasileiro. A maior beneficiária, *a própria Odebrecht*, concentra 70% dos recursos destinados a financiamento de serviços no exterior pelo banco.

Nem mesmo as acusações de violação de direitos humanos, prisões políticas e mortes de estudantes em protestos contra o governo mereceram críticas da diplomacia brasileira.

Do metrô da capital Caracas à ponte que liga o país ao Brasil, as obras financiadas pelo BNDES são inúmeras. Em 2009, no auge do preço do petróleo, as empreiteiras brasileiras chegaram a ter contratos de US$ 20 bilhões no país. Segundo o Tribunal de Contas da União (TCU), boa parte desses contratos registrou inúmeras irregularidades.

5. Congo

Há quase quatro décadas o país africano, o mais pobre do continente, acumulava dívidas com o Brasil de bens e serviços vendidos pelo país e financiados pelo governo brasileiro. Para este, tal dívida significava um problema para garantir que o país se tornasse um parceiro comercial importante. No intuito de ajudá-lo e permitir que esse país contraísse novas dívidas, US$ 400 milhões foram perdoados.

Perdoar dívidas do país significou, entre outras coisas, liberá-lo para novos empréstimos em bancos como *o próprio BNDES*.

Oficialmente, o país é uma república, cujo presidente Denis Nguesso está no poder desde 1997, constantemente reeleito. Na prática, porém, Nguesso assumiu o poder de forma não tão democrática em 1979, e em 1992 saiu do poder perdendo as eleições (ficando em terceiro lugar).

6. Guiné Equatorial e Gabão

Poucas coisas unem as duas nações além das fronteiras e do idioma comum (francês). Dentre elas, o fato de ambas serem ditaduras é provavelmente o mais relevante, uma vez que seu vizinho maior, o Congo, encontra-se na mesma situação, demonstrando o clima nada estável pelo qual vive a região (próxima também a Angola).

Ambas as ditaduras têm histórias distintas. No Gabão, Ali Bongo é oficialmente o "presidente eleito". Seu pai, Omar Bongo, governou o país durante 42 anos. Na Guiné Equatorial, Teorodo Obiang é ele próprio o ditador há 36 anos.

Com a riqueza do petróleo, o que os torna 1º e 3º maior PIB per capita do continente, respectivamente, ambos os países são propícios para se fazer negócios.

Citada na 14ª fase da Operação Lava Jato (Operação Triplo X), a Guiné Equatorial é mais conhecida por aqui pela sua participação no Carnaval carioca, quando financiou o desfile da Beija-Flor.

Em uma tacada só, perdoando US$ 900 milhões em dívidas de diversos países africanos, a presidente Dilma anistiou ambos os países. Não mais do que algumas semanas depois do ocorrido, Teodorin Obiang, filho do ditador, foi visto em Paris, onde *teria gasto* em uma única noite, na casa de leilões Christie's, duas vezes mais do que a dívida perdoada pelo governo brasileiro.

O governo que vive destacando a importância que dá aos valores democráticos não perde tempo antes de fazer alianças políticas e econômicas com algumas das ditaduras mais perversas do planeta.

O que poderia levar um país pobre, com tantos problemas socioeconômicos e estruturais como o Brasil, a emprestar tanto dinheiro a outras nações? E, pior, sem a mínima condição de recebê-lo de volta? Somente uma mente doentia, diante de sua torpeza humana, alçada à máxima altura de sua pequenez política e, mais, acostumada à falta de punição severa, algo escasso em nosso país. Assim, esse senhor, contando com o costumeiro sentimento de eterna impunidade, foi capaz de tamanha proeza!

Ao que parece, a impunidade no Brasil começa a desaparecer. Com o advento da Operação Lava Jato e outras operações em curso no país, e mais as diversas prisões de poderosos, o que ocorre pela primeira vez no Brasil, vê-se claramente que a sorte dos malfeitores parece mudar rapidamente! Que a prosperidade das ações dos homens de bem prossiga.

Outra pergunta que não quer calar: O Banco Nacional de Desenvolvimento Econômico e Social (BNDES) não é um órgão de desenvolvimento social brasileiro? Como nosso dinheiro pode financiar outras nações? Como pode nosso dinheiro financiar a expansão das empresas do grupo dos irmãos Batista, o J&F, nos Estados Unidos? Qual o ganho disso para os brasileiros? Qual o desenvolvimento social aqui? De que forma se deu a geração de empregos no Brasil?

A resposta a esses questionamentos já é conhecida: nada foi o que levamos nessa operação. Apenas seus mentores, empresários e políticos receberam seus lucros. A nós, brasileiros, restou a conta a pagar!

9. Dos empréstimos do BNDES para o Grupo JBS, controlado pelo grupo J&F

Em relação ao Grupo JBS, controlado pelos irmãos Batista, há sempre que se perguntar: como o Banco Nacional de Desenvolvimento Econômico e Social (BNDES), entre 2002 e 2013, teria liberado um total de R$ 12,8 bilhões para as empresas controladas pela J&F Participações entre empréstimos e participações acionárias, segundo levantamento da ONG Contas Abertas.

As empresas favorecidas com os recursos dentro do grupo foram a JBS S.A. (R$ 6,6 bilhões), a Bertin S.A. (R$ 2,7 bilhões), a Bracol Holding Ltda. (R$ 425,9 milhões), a Vigor (R$ 250,2 milhões) e a Eldorado (R$ 2,8 bilhões). No período consultado não foram encontradas operações para as outras empresas do grupo, segundo a ONG.

Sustentado por crédito fácil do BNDES, o grupo elevou seu faturamento de R$ 4 bilhões em 2006 para R$ 170 bilhões em 2017, um crescimento de mais de 4.000%. A multiplicação da riqueza levou Joesley Batista a entrar na lista dos dez brasileiros mais ricos da revista *Forbes*. Com atuação em mais de 150 países, 300 unidades industriais e mais de 200 mil empregados, o grupo é o maior processador de proteína animal do mundo. Das fábricas, 56 estão nos Estados Unidos, controladas pela JBS USA Holding, que detém hoje cerca de 70% dos negócios dos irmãos Batista, que atuam na área de carnes, alimentos, laticínios, calçados, celulose, higiene pessoal, entre outros. O grupo tem ainda um banco, o Original.

Em sua delação premiada, o empresário Joesley Batista, controlador do grupo, admitiu ter pago R$ 200 milhões em propinas ao ex-ministro Guido Mantega e a outras lideranças do Partido dos Trabalhadores (PT) para facilitar a liberação de recursos do banco para suas empresas. Joesley contou em sua delação:

> Minha relação sempre foi com o Guido (Mantega). Primeiro, até 2009 ela passava pelo Vic (Victor Sandri – amigo de Mantega). Até lá, toda vez que precisava falar com o Mantega, acionava o Vic. Não sei como funcionava com o Guido e o banco. Acho que ele (Guido) pressionava o Luciano (Coutinho, presidente do BNDES), que sempre foi muito formal comigo.

As investigações mostraram que não era apenas o dinheiro que irrigou as contas petistas e que facilitou a vida das empresas do Grupo JBS. Um diretor do BNDES, responsável por avaliar as operações com empresas envolvendo aquisições e aportes de capital, era também membro do Conselho de Administração da JBS. Conforme informações divulgadas pelos diversos veículos de comunicação, esse diretor do banco, hoje aposentado, é José Cláudio Rego Aranha. Como conselheiro da JBS, tomava conhecimento das operações planejadas pela empresa que posteriormente seriam aprovadas por ele no BNDES.

O maior salto nos negócios do grupo ocorreu no período de 2007 a 2010, com as operações com o BNDES chegando a R$ 8,1 bilhões. O Banco deu suporte financeiro (leia-se recursos públicos com custo baixo) para a compra da norte-americana Swift

& Co por US$ 1,4 bilhão, sendo US$ 225 milhões em dinheiro e US$ 1,2 bilhão em dívidas. Dois anos depois, em setembro de 2009, com um empréstimo de R$ 3,5 bilhões do BNDES, os irmãos Batista adquiriram a Pilgrims nos Estados Unidos. Com as aquisições feitas anteriormente, como os concorrentes Seara e a incorporação do Bertin, a JBS se tornou a maior processadora de carne bovina mundial. E seguiu crescendo. Em 2013 comprou, por US$ 1,2 bilhão, a Primo Smallgood, na Austrália.

Ações polêmicas

Dentre as aquisições da empresa com apoio do BNDES, a fracassada tentativa de aquisição da norte-americana National Beef deixou rastros das facilidades do grupo dentro do banco de fomento em 2008. O banco teria emprestado quase R$ 700 milhões para a operação, que foi bombardeada pelos norte-americanos e não concretizada. O dinheiro do BNDES não foi devolvido pelos irmãos Batista, como teria reconhecido na semana, em nota, o presidente da J&F, Joesley Batista.

Sem os recursos dos empréstimos, o BNDES acabou convertendo os papéis recebidos em garantia dos créditos (debêntures) em ações da JBS por intermédio da BNDESPar, que passou a deter 21,3% da JBS. Essa operação foi condenada pelo TCU, por ter gerado um prejuízo de mais de R$ 700 milhões. As facilidades da JBS no BNDES levaram a Polícia Federal a deflagrar a Operação Bullish, sob a suspeita de que os negócios com o grupo dos irmãos Batista tenham gerado um prejuízo de R$ 1,2 bilhão para o banco público.

Na contabilidade da expansão dos negócios, R$ 1,6 bilhão veio da abertura de capital da JBS, em março de 2007, e o restante dos vultosos empréstimos do BNDES liberados com facilidade por conta das contribuições dos irmãos Batista aos políticos. Na sua delação, Joesley afirmou ter pago 18,5% dos empréstimos recebidos do BNDES em propina para políticos e partidos, o que, de 2007 a 2010, representa R$ 1,4 bilhão. A maior parte desse dinheiro (R$ 616 milhões) foi destinada ao PT, dono da chave do cofre do BNDES. Outro quinhão, de R$ 453 milhões, foi para o PMDB, também governo. Juntos, receberam quase 70% da propina paga pela empresa.[13]

Ao que tudo indica, das "maculadas" delações feitas pelos irmãos Batista, donos do conglomerado JBS, à Procuradoria da República, extrai-se o seguinte: o salto da JBS e a construção dos negócios reunidos na holding familiar J&F Investimentos foram regados, nos últimos dez anos, por R$ 1 bilhão em doações (R$ 600 milhões em caixa 2), quase tudo vindo de propinas a políticos de todo o espectro ideológico, com destaque para o PT, que abriu as burras do BNDES. Mas o que se destaca dos relatos feitos, em que pese parecer tangenciar a situação em favor de alguns, também dá conta de que a JBS não pararia em pé se dependesse apenas do pagamento de propina. Parece restar claro que as tantas concessões feitas ao grupo dos irmãos Batista, ao que parece, com base nas colaborações premiadas já realizadas, foram devidamente regadas da mais pura corrupção e favorecimentos diversos. Nesse rol se incluem vários partidos políticos, para muito além do chefe do executivo do PT, mas também os seus apoiadores, PMDB, PSDB, PP, entre outros; portanto, partidos da situação e de oposição misturados nesse verdadeiro balaio de doido, onde nosso dinheiro sumiu!

Diante disso, considerando o derrame de dinheiro brasileiro aos governos "ditatoriais" e ao grupo J&F, entre outros, é forçoso perguntar: seria o Brasil um país rico? Tem este pobre país

---

[13] Disponível em: <https://www.em.com.br/app/noticia/economia/2017/05/23/internas_economia,871042/saiba-como-a-jbs-sugou-o-bndes-para-expandir--seusnegocios.shtml>. Acesso em: 25 out. 2018. Matéria de Marcílio de Moraes.

dinheiro sobrando? O povo brasileiro não tem necessidade de água encanada, saneamento básico, coleta de lixo – que só chega para cerca de 40% dos lares brasileiros –, educação, saúde, transporte? Por acaso não falta investimento em metrô, ferrovias, portos e aeroportos e grandes rodovias? Pois é, tudo isso foi feito lá fora com o nosso dinheiro, naqueles países comunistas e "amigos dos reis do Brasil".

Nosso Congresso, composto por 513 deputados e 81 senadores, auxiliados pelo TCU, e mais a Controladoria-Geral da União (CGU), nada viu? Ao que parece, o intuito do governo do Brasil, representado pelos comunistas daqui, era implementar as decisões do Foro de São Paulo, no qual foram definidas medidas de alinhamento comunista nas Américas, disparate este que ocorreu em 1990 em território brasileiro. O PT e seus puxadinhos foram os responsáveis por todas essas farsas!

Um Congresso Nacional doente e imprestável, conivente, assistiu a tudo isso sem se opor! As inoperantes "excelências bandidas", por ação ou omissão, ajudaram a dilapidar o patrimônio desta nação! Seus crimes terão punição. A menor delas será nas urnas. Porém, a cadeia será, irremediavelmente, o destino de vários desses senhores! Falar-lhes do inferno é bobagem, pois boa parte deles é ateia, seu deus é o dinheiro. Diferente da maioria de nós, brasileiros cristãos, em que pese também alguns falsos cristãos que figuram entre os larápios da pátria.

Enquanto isso, o Brasil amarga péssimos índices de educação. Todos sabem que sem educação não há crescimento, isto é, a baixa escolaridade é a principal responsável pela baixa produtividade brasileira, o que, por consequência, influencia os salários. Veja o que diz o pequeno trecho de um longo relatório da Organização para a Cooperação e Desenvolvimento Econômico (OCDE) publicado recentemente:

> O Brasil é um dos países com o maior número de pessoas sem diploma do ensino médio: mais da metade dos adultos (52%) com idade entre 25 e 64 anos não atingiram esse nível de formação, segundo o estudo Um Olhar sobre a Educação, divulgado nesta terça-feira pela Organização para a Cooperação e Desenvolvimento Econômico (OCDE).[14]

Sem uma boa educação esses brasileiros se tornam vítimas fáceis para os predadores do dinheiro público e seus discursos inflamados, balbuciando coisas que sequer são da responsabilidade do cargo o qual disputam, mas, como diz um velho ditado popular: "em terra de cegos, quem tem um olho é rei", e nem é preciso enxergar, basta dizer que está vendo!

Com todos esses problemas internos para resolver, nosso dinheiro foi distribuído a amigos, parceiros políticos, e à expansão de grupos privados empresarias no exterior, inclusive para aquisição de outras empresas lá fora, o que não gera um único emprego no Brasil. Com esse cenário de péssimo investimento em educação ao longo de décadas, podemos concluir que, com esses índices de educação, não teremos nenhum futuro!

Só para se ter uma ideia, nos dias atuais, dos alunos oriundos da população de baixa renda, apenas 2,1% do total conseguem aprender as lições básicas, quadro este que revela que, num futuro próximo, esse número de sem diploma (que hoje atinge 52%) tende a ser muito maior!

Dirigentes sem educação também não sabem seu valor! Por isso é preciso, com urgência, criar critérios e condições mínimas para ascensão aos cargos eletivos no Brasil, desde vereador a presidente da República. Não se pode, no entanto, permitir

---

14 Disponível em: <https://g1.globo.com/educacao/noticia/2018/09/11/mais-da-metade-dos-brasileiros-nao-tem-diploma-do-ensino-medio-aponta-ocde.ghtml>. Acesso em: 25 out. 2018.

a eleição de iletrados para os postos-chaves da nação. O nivelamento tem que se dar por cima, não por baixo, como está ocorrendo no Brasil.

Vimos em passado recente um presidente da República, em seus costumeiros e exaltados discursos, não raro exaltar a ignorância, como se isso fosse o troféu de um iletrado que pelo voto do povo ascendeu ao poder! Grave erro que nos custou o futuro de várias gerações de brasileiros!

Para que possamos produzir mais e alcançar melhores remunerações dos salários, será preciso melhorar muito a base de escolaridade dos brasileiros. Sem isso não faremos a lição de casa, e nosso atraso será severamente aprofundado nas próximas décadas! Como punição, seremos sempre o fornecedor de matérias-primas a preço baixo, e, na contramão da história, recompramos os produtos manufaturados oriundos da matéria-prima por nós fornecida ao mundo! Triste sina de um país cujos líderes, em determinadas épocas, parecem se orgulhar dessa condição insana de ter a deseducação como troféu de sua pequenez política e imbecilidade humana!

10. O retrato da educação no Brasil[15]

O Censo Escolar 2017, lançado pelo Ministério da Educação (MEC), mostra que as escolas brasileiras ainda têm deficiências quando o quesito é infraestrutura. No caso das escolas que oferecem Ensino Fundamental, apenas 41,6% contam com rede de esgoto, e 52,3% apenas com fossa. Em 6,1% delas não há sistema de esgotamento sanitário.

O Censo aponta a disponibilidade desse tipo de serviço como o principal gargalo, especialmente no Acre, Amazonas, Pará e Roraima, onde a situação sanitária é mais problemática.

Nas escolas de Ensino Fundamental, a garantia de água ocorre por meio da rede pública de abastecimento na maior parte dos casos (65,8%), mas há as abastecidas por poço artesiano (17,4%); cacimba, poço ou cisterna (11,9%); ou diretamente por rios, córregos ou outros canais (6,2%). Em 10% delas não há água, energia ou esgoto.

A tecnologia não está acessível aos estudantes em aproximadamente metade dessas escolas. Conforme o censo,

---

15 Este capítulo teve a colaboração da jornalista e amiga de longa data, a inestimável Isabel Cristina Ferreira.

a presença de recursos tecnológicos como laboratórios de informática e acesso à internet ainda não é realidade para muitas escolas brasileiras. Apenas 46,8% das escolas de ensino fundamental dispõem de laboratório de informática; 65,6% das escolas têm acesso à internet; em 53,5% das escolas a internet é por banda larga.

Biblioteca e/ou sala de leitura estão presentes em pouco mais da metade (54,3%) das instituições de ensino. Em outras, faltam parques, berçários e até banheiros adequados às faixas escolares atendidas.

O censo mostra que, nas escolas de Educação Infantil, 61,1% têm banheiro adequado e apenas 33,9% contam com berçário.

A principal responsável pelo Ensino Fundamental é a rede municipal, com 64% das escolas.

Na faixa etária adequada à creche, que vai até três anos de idade, 57,6% contam com parque infantil. Já na pré-escola, que reúne crianças de quatro e cinco anos, o percentual é menor, 42,7%. Existem áreas verdes em 29,6% das creches e em 27,3% das pré-escolas.

Os portadores de deficiência encontram muitos estabelecimentos sem medidas que garantam acessibilidade. Apenas 26,1% das creches e 25,1% das pré-escolas têm dependências e vias adequadas para esses estudantes ou para aqueles com mobilidade reduzida. Segundo o MEC, 32,1% do total das escolas infantis têm banheiro adaptado.

Tanto o Ensino Fundamental quanto as escolas infantis são mantidos, em 64% e 71,5% dos casos, respectivamente, pela rede municipal, na qual também são registrados os maiores problemas. Quando comparados estabelecimentos federais, estaduais, municipais e privados, as escolas federais apresentam melhor infraestrutura em relação a bibliotecas ou salas de leitura, berçário, banheiro, parque, pátio e outros itens, de acordo com o censo.

Investimentos

A Lei de Diretrizes e Bases da Educação, de 1996, fixa que é dever do Estado garantir padrões mínimos de qualidade de ensino, definidos como a variedade e quantidade mínimas, por aluno, de insumos indispensáveis ao desenvolvimento do processo de ensino-aprendizagem. "É claro que bibliotecas, o acesso à internet, laboratórios de ciências são imprescindíveis à educação hoje, isso para não falar no básico do básico que é a garantia de água e esgoto", disse o coordenador-geral da Campanha Nacional pelo Direito à Educação, Daniel Cara.

Apesar dessa importância, ele avalia que o Estado brasileiro, por meio de diversos governos, não tem dado prioridade ao financiamento do setor. Como exemplo, cita que, desde 2010, o Conselho Nacional de Educação aprovou, por unanimidade, e normatizou o Custo Aluno-Qualidade Inicial (CAQi), a fim de padronizar esses investimentos, mas até hoje a decisão não foi homologada.

O CAQi é um mecanismo criado pela Campanha Nacional pelo Direito à Educação. "Ele traduz em valores o quanto o Brasil precisa investir por aluno ao ano, em cada etapa e modalidade da educação básica pública, para garantir, ao menos, um padrão mínimo de qualidade do ensino", conforme explica o portal da Campanha Nacional pelo Direito à Educação sobre financiamento do setor.

O instrumento também foi incluído no Plano Nacional de Educação (PNE), e deveria ter sido implementado até junho de 2016, o que não ocorreu. Com a emenda constitucional que limitou o teto dos gastos públicos, Daniel Cara avalia que sua efetivação está ainda mais distante. "A tendência é que o Brasil continue tendo investimento aquém do necessário e incapaz de garantir a realização e a oferta desses insumos estruturais."

A ministra substituta da Educação, Maria Helena Guimarães de Castro, disse que 23% do Orçamento da União têm sido destinados à educação. Apesar disso, reconheceu a permanência de problemas de infraestrutura,[16] que em alguns casos, como na questão do saneamento, são pendências da sociedade em geral, não apenas das escolas:

> A infraestrutura das escolas é muito desigual, isso já está revelado por todos os estudos do Inep, e não obrigatoriamente está relacionada a recursos. Há municípios que recebem o mesmo montante de recursos pelo Fundeb[17] que outro município vizinho, e um funciona melhor e o outro não funciona tão bem do ponto de vista da infraestrutura das suas escolas.

Para ela, o problema deve ser superado por meio de esforços das prefeituras em parceria com governos estaduais e federal. Em relação ao governo federal, apontou que a transferência de recursos prioriza municípios que apresentam os piores indicadores socioeconômicos ou de baixo desempenho na educação.

Quanto ao programa Educação Conectada, que prevê a conectividade de todas as escolas públicas brasileiras, a ministra substituta disse que na primeira fase, que deve se estender até o fim de 2018, o MEC pretende investir R$ 271 milhões, sendo R$ 255,5 milhões para melhoria da infraestrutura e conexão das escolas.

Os dados do Censo Escolar 2017 fazem parte das Notas Estatísticas, relatório elaborado pelo Inep com informações gerais

---

16 José Cruz. Agência Brasil. Disponível em: <http://agenciabrasil.ebc.com.br/educacao/noticia/2018-01/censo-aponta-que-escolas-publicas-ainda-tem-deficiencias-de-infraestrutura>. Acesso em: 8 mar. 2019.

17 Fundeb – Fundo de Manutenção e Desenvolvimento da Educação Básica e de Valorização dos Profissionais da Educação.

sobre o censo. No início de março serão divulgadas as Sinopses Estatísticas com dados desagregados por estado e município.

Nessas condições, jamais sairemos da condição de país do futuro, continuaremos sendo apenas um pobre país de terceiro mundo exportador de matéria-prima. Não conseguiremos produzir e exportar produtos manufaturados com valor agregado muito maior. Hoje fazemos exatamente o contrário, exportamos matéria-prima e compramos os produtos manufaturados que tiveram como origem nossa matéria-prima, exportada por um preço pequeno! Esse modelo atual do Brasil é o país que eu não quero!

Os salários no Brasil são muito baixos se comparados a outros países desenvolvidos. Isso se dá devido à baixa escolaridade do nosso povo, o que faz a produtividade do brasileiro ser muito inferior à de um trabalhador norte-americano, por exemplo.

Mas nossos governantes estão preocupados em ensinar "ideologia de gênero", como se isso fosse importante para a vida profissional de uma pessoa. A mim não interessa se o homem dorme com outro homem ou a mulher com outra mulher, isso é problema de foro íntimo de cada cidadão. Levar isso para a sala de aula e, pior, como tema de redação do Exame Nacional do Ensino Médio (Enem), aí já é o fim!

Na vida profissional de qualquer cidadão, como ele vai usar ideologia de gênero? Infelizmente, isso faz parte de uma doutrinação de cunho comunista como forma de destruir a moral de uma sociedade, para então instalar a ditadura de esquerda, em que seus líderes se perpetuam no poder, não raro eliminando fisicamente seus opositores, como Cuba e, hoje, Venezuela.

Os males provocados à educação são tão profundos que sua reparação requer muitos anos. *Décadas* serão necessárias para limpar as mentes de várias gerações dessas mentiras e deseducação dadas aos jovens brasileiros.

Vários professores de hoje foram doutrinados nas universidades, ensinam essas besteiras como se fosse coisa séria, fruto de um projeto criminoso de poder que domina por décadas o ensino de determinadas matérias ligadas à área de humanas nas universidades do Brasil.

O custo disso para o país é a continuidade do seu fracasso econômico. Não se constrói uma grande nação sem uma boa educação, e ensinar ideologia de gênero está muito distante disso!

Há outro problema de natureza grave em relação a algumas gerações, ou seja, os nascidos entre 1990 e 1999. Esse imenso contingente de brasileiros pegou o que há de pior na educação no Brasil: ideologia de gênero, encenação sexual nas escolas e kit gay. Tudo isso foi parte de um projeto criminoso de poder levado a efeito no Brasil de 2003 a 2015, nos governos petistas de Lula e Dilma, tendo alguns defensores aliados no Congresso Nacional.

Um dos fatores determinantes para o crescimento econômico de um país e a definição do potencial de desenvolvimento e riqueza de uma nação fundamenta-se no pilar da educação. Com visão de médio e longo prazos, governos focaram em ações de políticas públicas para se tornar potências econômicas com o objetivo claro de investir maciçamente em projetos educacionais ambiciosos para formação estrutural – básica, de ensino médio e técnico, superior e científico –, na informação e qualificação de gerações futuras.

As principais características da educação – conhecimento, complexidade, criatividade, estabelecimento de novas conexões e atualização constante – implicam um instrumento de transformação do indivíduo. Assim, este pratica a cidadania, conhece seus direitos e deveres, cumpre as leis, neutraliza a corrupção e produz riquezas com mais eficiência.

Mas o cenário nebuloso da economia mundial nos últimos três anos abala as estruturas do crescimento, e um sentimento protecionista antiglobalização invade as nações, marcado principalmente pelo mandato do presidente americano Donald Trump e a guerra fiscal com o governo chinês.

No Brasil, especialistas apontam dois grandes vilões para a pior recessão da história: o desemprego e a queda do investimento produtivo. Ainda mergulhamos mais no fundo do poço com os índices desesperadores de desemprego, recuo dos investimentos, aniquilamento das atividades industriais pela queda de produção e da importação de bens e de capital, fechando esse ciclo com diminuição da renda e queda do consumo das famílias. Em dois anos as atividades econômicas retrocederam em torno de 7%, o pior resultado desde a década de 1930.

Outro fenômeno acontece em paralelo, abalando as estruturas e perspectivas de crescimento no mundo e no Brasil, aprofundado pela crise contínua e pelo comprometimento do futuro. Jovens de 15 a 29 anos que não estudam, não procuram emprego e fora do mercado de trabalho – a geração *nem-nem*. Especialistas analisam como uma geração perdida, sem rumo nem objetivos. Fato preocupante, para não afirmar desesperador, porque, no Brasil, esse número chega a 11 milhões de jovens, ou seja, um quarto da população entre 15 e 29 anos. O que esperar do futuro dessa geração?

**Fenômenos nem-nem –
Geração nem estuda nem trabalha nem se qualifica**

Novos estudos apontam milhões de jovens que não estudam e estão fora do mercado de trabalho. Um dos problemas atuais que a sociedade enfrenta, com consequências devastadoras, é o crescimento do número de jovens que não estão estudando e não estão trabalhando. Em países de língua inglesa, esses jovens são chamados de *neet* (não estuda, não tem emprego e não está em treinamento); em países de língua espanhola, são denominados *ni-ni*.

O problema da existência dos jovens *nem-nem* é que estes podem ameaçar o crescimento futuro da economia de uma nação. Se há uma parcela significativa de pessoas nessa condição, ocorre perda de investimento em capital humano dentro de um país. São jovens que deveriam estar acumulando conhecimento no ensino formal ou obtendo experiência no mercado de trabalho. Há também o fato de que esses jovens se tornam mais vulneráveis à violência e podem adentrar a criminalidade.

Para o caso brasileiro, há um debate sobre dois fatores: a ineficiência e o fracasso do projeto educacional, cujo resultado final é a evasão escolar, e os efeitos nefastos da recessão econômica que dificulta ou exclui a possibilidade da inserção no mercado de trabalho desse contingente de jovens.

Casos no mundo (geração nem-nem)

A situação de jovens que não trabalham nem estão vinculados a instituições de ensino preocupa estudiosos e especialistas no mundo inteiro, por se tratar de uma geração perdida: os *nem-nem*, *neet* (*not in education, employmentor training*, no padrão internacional) ou *ni-ni*. Ao longo do texto usa-se o termo *nem-nem* e *neet* para se referir a jovens que estão afastados da escola e do mercado de trabalho.

A OCDE estima que dois anos após o início da crise (2010) a taxa de jovens desempregados ou inativos entre 15 e 29 anos de idade, que também não estavam na escola, já atingia 15,8% nos países-membros, alcançando o maior índice na Turquia (36,6%), em Israel (27,4%), na Irlanda (21,3%) e na Espanha (23,7%).

Entre os 21 países analisados na União Europeia, a média no mesmo ano foi de 14,8%. Nesses países, com a queda dos índices da crise, também diminuiu o número de desemprego dos jovens. Outro detalhe apontado pelos cientistas políticos é que as causas da existência da geração *nem-nem* nos países citados são de ordem cultural, ou seja, falta de perspectiva e desalento em relação ao ingresso no mercado de trabalho. Já no caso brasileiro, o jovem sofre pela recessão econômica contínua, falta de escolaridade (parcela significativa de analfabetos funcionais) e desigualdade social.

Veja os números a seguir:

Jovens na condição nem-nem para países da OCDE – 2010 (%)

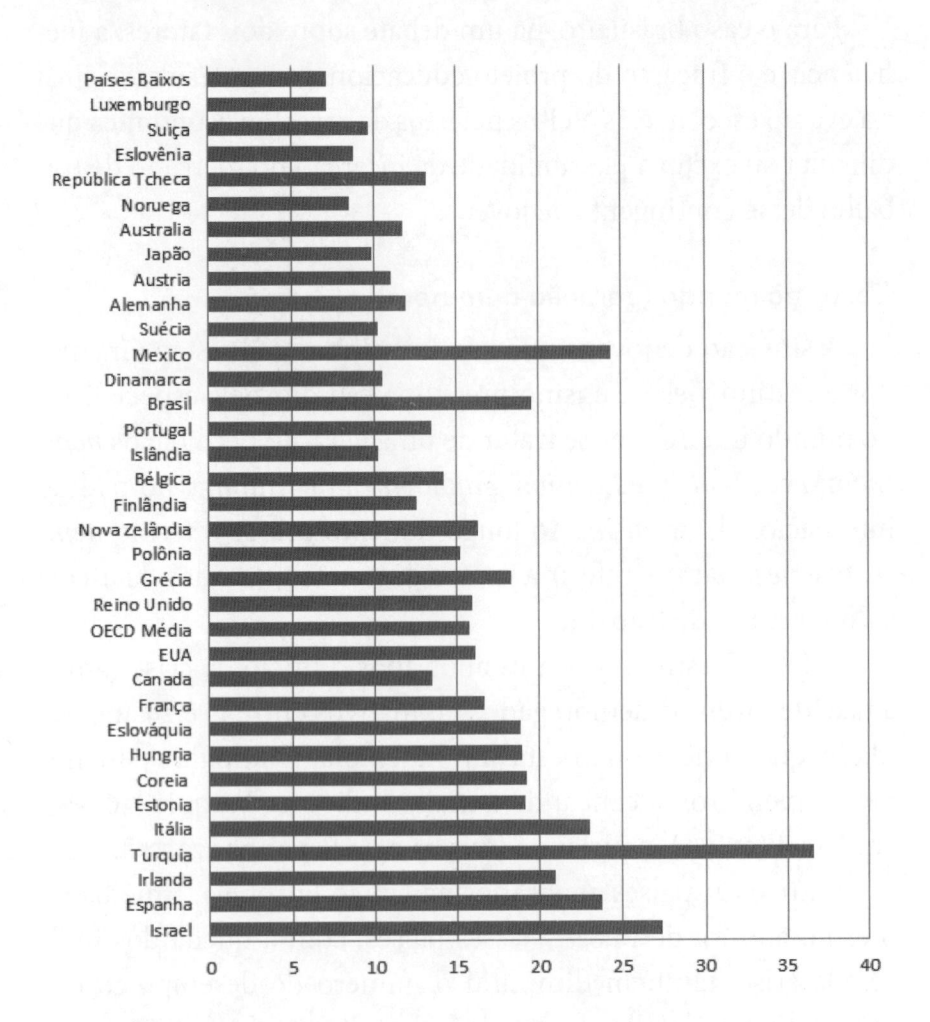

América Latina e Caribe (nem-nem)

Na América Latina e Caribe, o Instituto de Pesquisa Econômica Aplicada (Ipea), responsável pela pesquisa *Millennials na América Latina e Caribe: Trabalhar e Estudar,* apontou os desalentos dos jovens pela falta de perspectiva na vida atual e sem dimensões para o futuro. A pesquisa mostrou que 41% dos jovens da região se dedicam exclusivamente aos estudos ou à capacitação, 21% trabalham, 17% desempenham ambas as atividades, e os 21% restantes pertencem ao grupo *nem-nem*.

Nos quatro grupos notam-se diferenças significativas em termos de gênero, especialmente entre o grupo dos *nem-nem*, formado em sua maioria por mulheres e jovens na condição de alta vulnerabilidade social. Por um lado, México, El Salvador e Brasil têm o maior percentual de membros da geração *nem-nem* (acima de 20%). No outro extremo está o Chile, onde apenas 14% dos jovens pesquisados estão nessa situação.

Embora o termo possa induzir à ideia de que eles são ociosos e improdutivos, a realidade na América Latina e no Caribe é outra: 31% dos jovens pertencentes a esse grupo estão procurando trabalho (no caso dos homens), mais da metade, 64%, dedicam-se a trabalhos de cuidado familiar (principalmente as mulheres), e quase todos desempenham tarefas domésticas ou ajudam nos negócios de suas famílias.

De acordo com a pesquisa, ao contrário das convenções estabelecidas, a maioria dos *nem-nem* é de jovens sem obrigações, mas que realizam outras atividades produtivas; contudo, por terem problemas estruturais de educação básica, ficam excluídos do mercado de trabalho por falta de qualificação e de oportunidade de ingressar no primeiro emprego.[18]

---

18 Nota: Cálculos obtidos usando os pesos amostrais da pesquisa Millennials. Fonte:

	ALC	Brasil	Chile	Colômbia	El Salvador	Haiti	México	Paraguai
Principais atividades dos *nem-nem*								
Procurando trabalho	31	36	43	62	44	38	18	36
Cuidados familiares	64	44	59	54	56	64	70	54
Negócios/trabalhos domésticos	95	79	83	94	96	89	98	96
Pessoa com deficiência	3	4	4	1	1	12	3	3
Nenhuma dessas atividades e sem deficiências	3	12	10	2	1	2	1	1

Realidade Nacional – Exclusão e falta de oportunidade – Vulnerabilidade social e criminalidade

Na recessão econômica profunda todos perdem, mas uns perdem mais que outros, e estes são quase sempre os jovens. Enquanto a taxa geral de desocupação brasileira fechou o primeiro trimestre em 13,7%, entre aqueles com idade de 18 a 24 anos esse número bateu em 31,8%, principalmente os das classes C, D e E sem emprego, estudo e qualificação profissional.

De acordo com o Instituto Brasileiro de Geografia e Estatística (IBGE), a população jovem no Brasil, que inclui indivíduos com idades ente 15 e 29 anos, é constituída por aproximadamente 48.026.000 de indivíduos, representando 25% da população total brasileira. De 2001 a 2011 observou-se um aumento no contingente jovem do país; já a partir de 2012 há um declínio dessa população.

Mas uma pesquisa divulgada em 2018 no Brasil mostra que 11 milhões de jovens, quase um quarto da população entre 15 e 29 anos, *não estudam nem trabalham*. Em um país cuja força de trabalho está ficando mais velha e começará a diminuir em 2035,

---

Elaboração própria com dados da pesquisa Millennials na ALC.

uma informação como essa soa preocupante, por representar um grupo com número significativo e de grande importância para a força do mercado de trabalho.

Com os dados da PNAD 2015 foi possível observar que 21,08% da população jovem brasileira estão na condição *nem-nem*, um percentual que significa que a cada cinco jovens um não está estudando nem trabalhando. Dentre os que estão nessa condição, 70,52% pertencem ao sexo feminino; cerca de 40% destes têm filho.

Considerando a faixa etária dos jovens, observou-se que a maioria deles que não estuda nem trabalha encontra-se na faixa etária de 15 a 29 anos.

De acordo com a divisão do sistema de educação brasileiro, aos 17 anos o indivíduo conclui o Ensino Médio, iniciando, assim, a transição para a vida adulta, ou seja, com entrada na universidade e ativos no mercado de trabalho.

Esse período de transição pode gerar o desemprego juvenil, cuja realidade explica o motivo por que o jovem não trabalha e não estuda na faixa etária dos 17 aos 18 anos. Quanto aos jovens de 18 a 29 anos, a proporção de *nem-nem* por idade manteve-se quase que constante em 7,48%.

Quanto à escolaridade dos jovens nesta condição, a maioria (38,47%) possui pelo menos 12 anos de estudo, equivalente aos Ensinos Fundamental e Médio, seguido por aqueles que possuem somente o Ensino Fundamental, ou seja, nove anos de estudo, que somam 12,77%.

Por fim, também com representação significativa estão aqueles que não possuem nenhum grau de instrução ou têm pelo menos um ano de estudo, que somam 8,82%. Embora a quantidade dos que não possuem instrução seja representativa, 95,29% dos *nem-nem* sabem ler e escrever, mas esse fato nada acrescenta à demanda e exigências do mercado de trabalho.

A faixa de renda domiciliar *per capita* da maioria soma 29,26% das famílias, ou seja, entre ¼ e ½ salário mínimo, seguida por aquelas que recebem de ½ até um salário mínimo, 28,74%. A porcentagem dos jovens na condição *nem-nem* que cuidava de afazeres domésticos na semana de referência foi de 76,12%. No entanto, quando observado o estado civil, cerca de 80% são solteiros e a minoria, 3,91%, é casada.

Dentre os jovens que não trabalham nem estudam, a raça que mais predomina no subgrupo populacional é a parda, com 53,25%, seguida pelos brancos, com 36,34%, e pelos pretos, com 9,34%. Tanto os amarelos quanto os indígenas não apresentam quantidade de jovens significativa.

A partir das estatísticas descritivas traçou-se o perfil do jovem que não trabalha nem estuda, notando-se que, atualmente, esse jovem apresenta as seguintes características: é mulher, cuida dos afazeres domésticos, tem filhos e baixo nível de renda.

Essa condição específica *nem-nem* é mais preponderante entre jovens com baixa escolaridade e de baixa renda e mulheres, especialmente as com filho. Quase metade dos jovens nesta condição são mulheres com filhos que estão em casa.

Perfil da População nem-nem PNAD (2015)[19]

Variável	Descrição	%
Nem-nem	Indivíduos que estão ou não na condição nem-nem	21,08
Sexo	Homens	29,47
	Mulheres	70,53
Filho	Têm filhos	42,04

19 Fonte: PNAD.

Idade	15 anos	2,08
	16 anos	3,24
	17 anos	4,97
	18 a 29 anos	7,48
Escolaridade	1 ano de estudo	8,82
	9 anos de estudo	12,77
	12 anos de estudo	38,47
Ler e escrever	Sabe ler e escrever	95,29
Renda	Mais de ¼ até ½ salário mínimo	29,26
	Mais de ½ até 1 salário mínimo	28,74
Doméstico	Cuida dos afazeres domésticos	76,12
Estado Civil	Solteiro	80,53
	Casado	3,91
Cor ou Raça	Branca	36,34
	Preta	9,34
	Amarela	0,53
	Parda	53,25
	Indígena	0,52

Exclusão e falta de oportunidade. Discriminação por gênero e classe

A geração *nem-nem* enfrenta obstáculos para ingressar nos estudos e no mercado de trabalho. Pode-se destacar o caso de mulheres jovens que tiveram filho cedo e sofreram preconceito no ambiente escolar (muitos educadores não acolhem a jovem mãe e o bebê); quando casadas, exercem seu papel de cuidadoras e enfrentam restrições à volta ao mercado de trabalho pela qualificação profissional ineficiente ou por preconceito do empregador.

Outro grupo sofre pela baixa escolaridade e pela falta de condições financeiras das famílias. Muitos têm dificuldade em conciliar estudo e trabalho.

Vulnerabilidades sociais

A relação entre o jovem e o estado de vulnerabilidade social ganha espaço nos debates para erradicar esse problema relevante para o Brasil. Políticas públicas, em especial através de ações conjuntas com a sociedade, tornam-se cada vez mais presentes na tentativa de minimizar essa realidade e amenizar os impactos devastadores em todos os âmbitos.

O jovem em estado vulnerável proporciona grandes perdas à sociedade, tanto no quesito violência e comportamentos de risco quanto no aumento da desigualdade social existente. Mesmo sem diagnósticos precisos, assim como análises das políticas públicas já em andamento, esse tema tem se imposto progressivamente.

A vulnerabilidade social está relacionada aos riscos sociais e às condições da sua ocorrência. Dessa forma, quanto maior o estado de vulnerabilidade em que um indivíduo se encontra, maior é sua exposição a riscos sociais. Entende-se por riscos sociais os eventos que proporcionam privações e danos ao indivíduo; não devem ser associados apenas às situações de pobreza, mas a situações como desemprego, dificuldade de inserção no mercado de trabalho, violência, criminalidade, doenças, necessidades especiais, entre outras que também devem ser consideradas.

O trabalho das políticas públicas ao abordar os jovens em estado de vulnerabilidade e riscos sociais enfrenta grandes desafios. Dentre eles, a dificuldade de identificar as diversidades existentes neste grupo e mensurar a real necessidade por serviços e benefícios, visando não perder um contingente de jovens para o crime organizado e para a violência, mostrando uma nova perspectiva de futuro com os instrumentos da educação, informação, cultura e esportes, além de novas chances de vida no mercado de trabalho.

A perspectiva da posse do novo governo abre uma saída para a retomada do crescimento econômico do país. Não se pode ignorar a necessidade de reformas para equilibrar as contas públicas. Os economistas alertam para um cenário nebuloso no próximo ano. É fundamental manter o tripé macroeconômico, que consiste nas metas de redução da inflação e superávit primário e câmbio flutuante.

Assim, podemos apostar na volta da credibilidade dos consumidores e dos empresários e investidores. O governo precisa se empenhar em criar novas ações em políticas públicas nas áreas de Educação, Segurança e Planejamento. Sob essa nova ótica acredita-se na recuperação de novos postos no mercado de trabalho para que esse exército de jovens retome suas vidas e veja uma esperança no futuro.

11. Possíveis soluções[20]

**Problematizações da profissão docente:
Desafios e possíveis perspectivas**

Em decorrência das profundas transformações sociais, econômicas e tecnológicas, é indispensável à profissão docente constante formação (NÓVOA, 1992). A profissão exige busca por conhecimentos e melhorias nas práticas pedagógicas pelos professores, seja no âmbito individual ou no coletivo.

Derivada do latim medieval *profateri*, a palavra professor designa aquele capaz de proferir sermões publicamente; é aquele que está no lugar ou representa o conhecimento. O professor professa, declara, afirma, dá a conhecer, assegura, ensina. Sendo assim, o professor é aquele que se compromete a transmitir conhecimentos, o que torna a sua profissão a primeira das profissões. Todos precisam de professores.

O trabalho do professor na busca por conhecimento é um investimento em sua formação e profissionalização:

> Formar-se é tomar em suas mãos seu próprio desenvolvimento e destino num duplo movimento de ampliação de

---

20 Este capítulo teve a colaboração da professora Lívia Moreira Quintana, Mestre em Educação pela Universidade Federal de Mato Grosso do Sul.

> suas qualidades humanas, profissionais, religiosas e de compromisso com a transformação da sociedade em que se vive (...) é participar do processo construtivo da sociedade (...) na obra conjunta, coletiva, de construir um convívio humano e saudável (LIBANIO, 2001, p. 13-14, apud DASSOLER; LIMA, 2012, p. 5-6).

De posse deste ofício, o professor tece a transformação na vida dos educandos, bem como de toda a sociedade, e auxilia na construção de suas identidades. Na medida em que educa e investe em sua formação, o professor instrumentaliza o educando para a vida e realiza uma constante ressignificação de sua prática.

Como uma profissão que se renova a cada dia, o educador, atento a sua formação, educa-se constantemente e viabiliza a geração de novos e interligados conhecimentos.

> Ressalte-se que o processo de formação do professor é um crescente e um *continuum*. Como indivíduo, ele é formado a cada dia, em momentos que fazem o seu cotidiano, e, como educador, molda-se no compromisso que consegue estabelecer com os alunos e demais atores que formam a comunidade escolar. E que escola são todos os que nela convivem e aprendem: professores, alunos, funcionários, famílias, membros da comunidade e gestores. Por isso, espera-se que o profissional da área de educação tenha uma visão sistêmica do papel de sua organização junto à sociedade e do seu papel junto à instituição para que possa trabalhar novas formas de construção do conhecimento, visando à melhoria contínua da educação, bem como do ambiente escolar. A escola precisa ser um ambiente de prazer, aconchegante onde o aluno goste de estar por conta do profissionalismo do professor (DASSOLER; LIMA, 2012, p. 6).

Para além de ser um profissional teórico-prático, o professor instiga, aguça, inquieta os educandos a explorar áreas específicas do saber, a inter-relacioná-las; leva-os à reflexão e à superação de dificuldades na aprendizagem.

Contemplada na Lei nº 9.394, de Diretrizes e Bases da Educação (LDB), de 20 de setembro de 1996, e nas Diretrizes Curriculares Nacionais Gerais para a Educação Básica, o § 1º do art. 57 (Resolução nº 4, de 13 de julho de 2010 e Parecer CNE/CEB nº 7/2010) expressa a valorização do profissional da educação vinculada

> (...) à obrigatoriedade da garantia de qualidade e ambas se associam à exigência de programas de formação inicial e continuada de docentes e não docentes, no contexto do conjunto de múltiplas atribuições definidas para os sistemas educativos, em que se inscrevem as funções do professor (CNE/CEB, 2010).

A normativa apregoa no seu § 2º que os programas de formação inicial e continuada dos profissionais da educação devem prepará-los devidamente para o desempenho de suas funções, destacando essencialmente:

> a) além de um conjunto de habilidades cognitivas, saber pesquisar, orientar, avaliar e elaborar propostas, isto é, interpretar e reconstruir o conhecimento coletivamente;
>
> b) trabalhar cooperativamente em equipe;
>
> c) compreender, interpretar e aplicar a linguagem e os instrumentos produzidos ao longo da evolução tecnológica, econômica e organizativa;
>
> d) desenvolver competências para integração com a comunidade e para relacionamento com as famílias (CNE/CEB, 2010).

De acordo com o art. 58, os programas de formação continuada dos profissionais de educação serão contemplados também no projeto político-pedagógico. Caberá aos sistemas educativos, conforme o art. 59,

> (...) instituir orientações para que o projeto de formação dos profissionais preveja:
>
> a) a consolidação da identidade dos profissionais da educação, nas suas relações com a escola e com o estudante;
>
> b) a criação de incentivos para o resgate da imagem social do professor, assim como da autonomia docente tanto individual como coletiva;
>
> c) a definição de indicadores de qualidade social da educação escolar, a fim de que as agências formadoras de profissionais da educação revejam os projetos dos cursos de formação inicial e continuada de docentes, de modo que correspondam às exigências de um projeto de Nação (CNE/CEB, 2010).

A legislação nacional volta-se à formação básica do professor para que este exerça suas atividades mediante as necessidades e exigências do mercado. Pressupõe constante atualização para além da disponibilidade de tempo "(...) para elaborar de forma mais detalhada seus materiais de trabalho, assim como planejar o trabalho pedagógico" (DASSOLER; LIMA, 2012, p. 3-4).

Porém, apesar do aparato regulamentador, estudiosos e pesquisadores denunciam a superficialidade dos cursos de formação inicial nas licenciaturas quanto aos saberes ditos pedagógicos e de práticas de ensino (GATTI, 2010, apud MIRANDA; MAGALHÃES JUNIOR, 2016). De acordo com essa análise,

> (...) o que nos Estágios deveria inserir o licenciando na efetiva prática de ensino só é devidamente realizado na atuação docente fora da Formação Inicial, em que de fato o professor adquire os Saberes Experienciais (MIRANDA; MAGALHÃES JUNIOR, 2016, p. 39).

Nóvoa (2009) afirma que seriam necessários aos candidatos ao professorado percorrer três momentos de formação, sendo eles: "1. A licenciatura numa determinada disciplina científica; 2. O mestrado em ensino, com um forte referencial didático, pedagógico e profissional; 3. Um período probatório, de indução profissional". Para o autor, o campo educativo carece de uma reflexão que permita transformar prática em conhecimento. Inspirado na observação de um grupo de estudantes e professores de Medicina, o autor orienta importantes lições obtidas.

Primeira: o grupo estava diante de casos práticos (doentes, enfermidades, análises clínicas etc.), mas que só poderiam ser resolvidos por meio da mobilização de conhecimentos teóricos, discussões e análises, abordagens que poderiam ser aplicadas. No caso da formação de professores, o autor afirma que haveria muito ganho

> se se organizasse, preferentemente, em torno de situações concretas, de insucesso escolar, de problemas escolares ou de programas de ação educativa. E se inspirasse junto dos futuros professores a mesma obstinação e persistência que os médicos revelam na procura das melhores soluções para cada caso (NÓVOA, 2009).

O segundo ponto diz respeito à importância de

> um conhecimento que vai para além da "teoria" e da "prática" e que reflete sobre o processo histórico da sua constituição, as explicações que prevaleceram e as que foram abandonadas, o papel de certos indivíduos e de certos contextos, as dúvidas que persistem, as hipóteses alternativas, etc. Como escreve Lee Shulman (1986) num texto seminal, para ser professor não basta dominar um determinado conhecimento, é preciso compreendê-lo em todas as suas dimensões (NÓVOA, 2009).

Num terceiro ponto, o autor aponta

> a procura de um conhecimento pertinente, que não é uma mera aplicação prática de uma qualquer teoria, mas que exige sempre um esforço de reelaboração. Estamos no âmago do trabalho do professor. Nos últimos vinte anos, vulgarizou-se o conceito de transposição didática (...).
>
> Pessoalmente, prefiro falar em transformação deliberativa, na medida em que o trabalho docente não se traduz numa mera transposição, pois supõe uma transformação dos saberes, e obriga a uma deliberação, isto é, a uma resposta a dilemas pessoais, sociais e culturais (NÓVOA, 2009).

Por fim, em quarto lugar, "a importância de conceber a formação de professores num contexto de responsabilidade profissional, sugerindo uma atenção constante à necessidade de mudanças nas rotinas de trabalho, pessoais, coletivas ou organizacionais" (NÓVOA, 2009). Formação e inovação são elementos centrais do próprio processo de formação.

Esses itens integrados abrem espaço para outro lugar da profissão do professor, "no qual as práticas são investidas do ponto de vista teórico e metodológico, dando origem à construção de um conhecimento profissional docente". É de dentro da própria cultura profissional que os processos de formação poderão ser elaborados e melhorados.

> Por isso, insisto na necessidade de devolver a formação de professores aos professores, porque o reforço de processos de formação baseadas na investigação só faz sentido se eles forem construídos dentro da profissão. Enquanto forem apenas injunções do exterior, serão bem pobres as mudanças que terão lugar no interior do campo profissional docente (NÓVOA, 2009).

A regulação da formação e da profissão docente foi assumida progressivamente por grupos que apresentam forte tendência à valorização do papel dos "cientistas da educação" ou dos "especialistas pedagógicos" e do seu conhecimento teórico ou metodológico em detrimento dos professores e do seu conhecimento prático" (NÓVOA, 2009).

O autor disserta:

> estes especialistas são fortemente influenciados pelas organizações internacionais (União Europeia, OCDE, etc.) e tendem a ocupar um espaço que deveria ser da responsabilidade dos professores mais experientes (NÓVOA, 2009).

Com isso, perde-se um vasto repertório de conhecimentos de professores mais experientes. Evidentemente, é inegável a investigação científica em educação, mas a formação docente é mais complexa e não se encerra aí.

> Um momento particularmente sensível na formação de professores é a fase de indução profissional, isto é, os primeiros anos de exercício docente. Grande parte da nossa vida profissional joga-se nestes anos iniciais e na forma como nos integramos na escola e no professorado. Neste sentido, este momento deve ser organizado como parte integrante do programa de formação em articulação com a licenciatura e o mestrado. Nestes anos em que transitamos de aluno para professor é fundamental consolidar as bases de uma formação que tenha como referências lógicas de acompanhamento, de formação em situação, de análise da prática e de integração na cultura profissional docente (NÓVOA, 2009).

Na realidade das licenciaturas no Brasil, "recai sobre o nosso período de estágio supervisionado a responsabilidade de tentar cobrir essa lacuna, o que não tem sido resolvido satisfatoriamente" (LÜDKE; BOING, 2012).

A fragilidade da formação inicial dos professores dá espaço para que eles sejam responsabilizados pelo fracasso do sistema educativo. "Esse risco é real, mas a responsabilidade do professor é, na realidade, muito maior, pelo trabalho educativo como um todo, especialmente o realizado na escola" (LÜDKE; BOING, 2012).

Diante de tantos desafios contemporâneos, Facci (2002) destaca que se somam às problemáticas da formação dos professores as consequências de uma situação de mal-estar oriundas de mudanças recentes na educação.

> Essa situação de *mal-estar* pode ser representada pelos sentimentos que os mesmos têm diante das circunstâncias que o próprio processo histórico produziu em termos de educação, tais como: desmotivação pessoal e, muitas vezes, abandono da própria profissão; insatisfação profissional, percebida através de pouco investimento e indisposição na busca de aperfeiçoamento; esgotamento e "stress", como consequência do acúmulo de tensões; depressões; ausência de uma reflexão crítica sobre a ação profissional e outras reações que permeiam a prática educativa e que acabam, em vários momentos, provocando um sentimento de autodepreciação (ESTEVE, 1995; MOSQUERA; STÓBAUS, 1996, apud FACCI, 2002, p. 2 [grifo do autor]).

Agrava-se ao relato de pesquisa o levantamento feito pelo Ibope em parceria com a rede Conhecimento Social, em que 33% dos professores dizem estar totalmente insatisfeitos com a atividade docente, e apenas 21% totalmente satisfeitos. Entre os temas abordados estão formação docente, valorização da carreira e trabalho docente.[21]

---

21 De acordo com a Agência Brasil, "a amostra respeitou a proporção de docentes em cada rede, etapa de ensino e região do país, segundo dados do Censo Escolar da Educação Básica (MEC/Inep)" (MELITO, 2018).

Os dados foram coletados em entrevista com 2.160 profissionais da educação básica das redes públicas municipais, estaduais e da rede privada em todo o país.

Sobre o item formação docente continuada:

> Os professores ouvidos pela pesquisa consideram que é papel das secretarias de Educação oferecer oportunidades de formação continuada (76%), mas não concordam que programas educacionais, como um todo, estejam bem alinhados à realidade da escola (66%). Apontam a falta um "bom canal de comunicação" entre a gestão e os docentes (64%), e dizem que não há envolvimento dos professores nas decisões relacionadas às políticas públicas (72%). Também consideram aspectos ligados à carreira mal atendidos, como o apoio a questões de saúde e psicológicas (84%) e ao salário (73%) (MELITO, 2018).

Sobre o item valorização da carreira:

> Os docentes apontam como medidas mais importantes (...), a formação continuada (69%) e a escuta dos docentes para a formulação de políticas educacionais (67%). Eles consideram urgente a restauração da autoridade e o respeito à figura do professor (64%) e o aumento salarial (62%) (MELITO, 2018).

Quanto à remuneração, a média no Brasil, segundo a pesquisa, corresponde a R$ 4.451,56. Diante desse cenário, "A maioria dos docentes (71%) tem a profissão como principal renda da casa e 29% afirmam ter outra atividade como fonte de renda complementar" (MELITO, 2018).

De acordo com a pesquisa:

> Um em cada três professores tem contrato com carga horária de menos de 20 horas semanais, o que pode ter impacto na renda e no cumprimento de um terço da carga horária, prevista na Lei do Piso do Magistério para atividades extraclasse.

> Pelo menos 58% dos professores afirmam ter tempo remunerado fora da sala de aula. Contudo, somente cerca de 30% dos docentes dispõem de aproximadamente ou mais de um terço da carga horária para planejamento de aula (MELITO, 2018).

Apesar do anúncio feito pelo governo federal do investimento de R$ 1 bilhão para a Política Nacional de Formação de Professores, com o objetivo de financiar vagas em "três diferentes iniciativas para formação docente: o Programa Institucional de Bolsas de Iniciação à Docência (Pibid), o Programa de Residência Pedagógica e a Universidade Aberta do Brasil (UAB)", os dados apresentam a falta de confiança entre o professorado e as secretarias estaduais e municipais de educação na aderência às políticas públicas nas melhorias da estruturação da carreira docente (MELITO, 2018).

Diante do exposto até aqui, a problemática que envolve a formação dos professores não se esgota, e requer muita atenção. Ora pela lacuna encontrada em sua formação inicial, ora pelos desafios e conflitos apresentados na realidade dos espaços escolares. O professor, muitas vezes sem direção, não encontra formas de ressignificar sua prática e o modo de ensinar.

Breves considerações

O processo formativo do professor é preponderante para que os objetivos educacionais sejam alcançados. Por meio dele, configura-se o êxito no processo de ensino-aprendizagem, principalmente o desenvolvimento de transformações significativas no âmbito escolar.

A qualificação contínua e constante favorece a integração de novos saberes, conhecimentos e trocas de experiência a fim de enriquecer a prática pedagógica.

Ante as crises presentes na sociedade brasileira, os conflitos sociais, econômicos e políticos invadem o terreno escolar. Despreparados para lidar com tamanha demanda de conflitos, faltam ao professor garantias para o acesso à formação continuada e aos meios objetivos de cumprir sua função.

> O desânimo e o descontentamento com a profissão, entre outros aspectos, estão muito presentes no corpo docente da atualidade. As condições de vida do professor, tanto em nível pessoal como profissional no contexto atual da estrutura da sociedade capitalista, levam o professor a sentir-se muito desvalorizado e também incapaz de ensinar (FACCI, 2002, p. 14).

Outras queixas somam-se ao exercício dos professores:

> Eles têm, muitas vezes, que assumir o papel de família, que têm que ocupar o lugar dos pais, educar as crianças que vêm para escola; lidar com o descaso dos governantes que não investem na educação, saber improvisar diante da falta de recursos financeiros para conduzir o ensino; enfrentar e auxiliar os educandos na resolução dos problemas familiares, entre outros aspectos (FACCI, 2002, p. 11).

Há, em paralelo às problemáticas das carências da formação docente, o desgaste psicológico:

> Esse desgaste psicológico deve ser uma das preocupações dos pesquisadores engajados com a educação, que não devem ficar somente na denúncia, mas procurar meios práticos e fundamentos teóricos que possibilitem compreender a profissão do professor, tratando de forma indissociada termos como formação, condições de trabalho, salário, jornada, gestão, currículo e a subjetividade presente na prática pedagógica. A compreensão da profissão professor deve ser realizada a partir de configurações históricas (FACCI, 2002, p. 7).

O investimento em educação, na carreira docente, nas melhorias das estruturas escolares é deficitário. "A desvalorização não acontece somente quando se refere aos recursos financeiros. A própria forma como foram e são elaboradas as políticas públicas da educação mostra o descaso com a educação". É necessário "definir a educação como prioridade social e política, investindo solidamente na construção de consolidação de um amplo sistema de educação" (FACCI, 2002, p. 11).

A valorização da profissão docente é imprescindível, "pois a escola é uma instituição que tem como função possibilitar aos alunos a apropriação dos conhecimentos científicos e instrumentalizá-los para intervirem na prática social" (FACCI, 2002, p. 14). Toda reforma educacional ou social passa inicialmente pelos professores. A formação docente constitui-se em um processo fundamental para que ocorram mudanças nos âmbitos escolar e social.

Assim,

> Qualquer reforma no pensamento só se desencadeia se começar por uma reforma dos professores. Isto quer dizer que é necessário dar-lhes os instrumentos para que pensem de modo diferente para que tenham a oportunidade de desenvolver novas práticas (GHEDIN; ALMEIDA; LEITE, 2008; FILHO; GHEDIN, 2018).

Como um profissional que investiga, interroga e analisa o processo educativo, o professor não deve encerrar sua formação apenas com referenciais pedagógicos ou científicos, mas criar hábitos reflexivos a partir da sua trajetória pessoal para reformar a si próprio e gerar mudanças por suas ações e práticas pedagógicas. Dessa forma, assume para si um compromisso ético e moral com o educando e a sociedade.

Para finalizar, "Toda a formação encerra um projeto de ação. E de transformação. E não há projeto sem opções" (NÓVOA, 1992). Com essa motivação, seguem alguns pontos que não esgotam a temática, mas convidam à reflexão e valorização da profissão docente.

- Observação e identificação de problemas presentes no cotidiano da sala de aula;
- Apresentação de soluções para os problemas encontrados. Discussão e análise entre os pares;
- Participação do alunato nas tomadas de decisões e correções dos problemas;
- Planejamento de aulas e atividades diretamente ligadas ao projeto de vida dos alunos;
- Uso de metodologias ativas e práticas contextualizadas à vida do aluno;
- Apresentação de conhecimentos práticos dos conteúdos aprendidos;
- *Avaliação didática docente durante a licenciatura:* por meio do processo formativo dos professores é possível a realização de ajustes no exercício de sua profissão. A avaliação didática permite ao professor reorganizar conhecimentos e experiências para o surgimento de novos pensamentos, ações e práticas.

> Na medida em que age de forma diferente, também constrói uma nova cultura identitária pessoal e profissional diferente, uma cultura que lhe possibilite fazer melhor, com autonomia e de forma mais eficaz seu fazer docente, ao passo que constrói e organiza uma nova cultura profissional o professor também ajuda a edificar uma nova cultura escolar, a nova cultura profissional e organizacional ajuda a pensar em uma nova escola, a qual corresponda aos anseios dos professores, dos estudantes, da escola e da sociedade como

um todo maior, hoje se pensa e exige uma escola mais dinâmica e dialógica, que possibilite as pessoas aquisição de novos conhecimentos, saberes, habilidades e competências para galgarem novos horizontes na sociedade em que tecem suas relações e práticas sociais (FILHO; GHEDIN, 2018).

Para isso, é importante, sem dúvida, conhecer bem aquilo que se ensina e avaliar o quanto o trabalho docente tem levado os alunos à aprendizagem (NÓVOA, 2009).

- Oferta de cursos e bolsas de estudo aos profissionais da educação para formação continuada;
- Melhorias salariais;
- Investimento em políticas públicas;
- Melhorias na estrutura escolar, bem como investimentos na modernização de equipamentos e tecnologia;
- Melhorias na comunicação do trabalho em equipe (observação, discussão e intervenção).
- Realizar registro de práticas e avaliação para aperfeiçoamento e inovação.

Diante do aqui exposto, considerando o grau de dificuldade do ensino que atingimos no Brasil, fica claro o longo caminho a ser percorrido para o resgate de um sistema de formação continuada dos professores, para que, então, possamos sonhar com uma boa melhora na educação como um todo!

É preciso perseverar e, além disso, eleger pessoas comprometidas verdadeiramente com a busca pelo desenvolvimento da nação, não seu grupo político, como vimos ao longo de décadas no Brasil.

Referências bibliográficas

BEZERRA, M. I. S.; DAMIÃO, A. L. Os saberes da profissão docente: Olhares sobre a atualidade. *Revista Anthesis UFAC*. Acre, v. 5, nº 9, jan./jun., 2017. Disponível em: <http://revistas.ufac.br/revista/index.php/anthesis/article/view/1144/756>. Acesso em: 9 nov. 2018.

COELHO FILHO, M. S.; GHEDIN, E. L. Formação de professores e construção da identidade profissional docente. *IV Colóquio Luso-Brasileiro de Educação COLBEDUCA e II CIEE*. Portugal: Braga e Paredes de Coura, 2018. Disponível em: <http://www.revistas.udesc.br/index.php/colbeduca/article/view/11502/8254>. Acesso em: 8 nov. 2018.

CONSELHO NACIONAL DE EDUCAÇÃO. CNE/CEB N. 04/2010. Resolução nº 4, de 13 de julho de 2010 e Parecer nº 7/2010. Define Diretrizes Curriculares Nacionais Gerais para a Educação Básica. Homologado por Despacho do Senhor Ministro de Estado da Educação, publicado no *DOU* de 9 de julho de 2010. Disponível em: <http://portal.mec.gov.br/dmdocuments/rceb004_10.pdf>. Acesso em: 10 nov. 2018.

DASSOLER, O. B.; LIMA, D. M. S. A formação e a profissionalização docente: Características, ousadia e saberes. *IX ANPEd Sul*, Seminário de Pesquisa em Educação da Região Sul, Caxias do Sul. Anped Sul – 40 anos, 2012. Disponível em: <http://www.ucs.br/etc/conferencias/index.php/anpedsul/9anpedsul/paper/viewFile/3171/522>. Acesso em: 10 nov. 2018.

FACCI, M. G. D. A compreensão que os professores têm da profissão docente: Iniciando algumas discussões. *25a. Reunião Anual da Anped*, 2002. Caxambu. ANPED – 25 anos. CD-Rom histórico, 2002. Disponível em: <24reuniao.anped.org.br/T2060048408194.doc>. Acesso em: 10 nov. 2018.

LÜDKE, M.; BOING, L. A. Do trabalho à formação de professores. *Caderno de Pesquisa*. Tema em Destaque, Trabalho e Formação de Professores. São Paulo, v. 42, nº 146, maio/ago. 2012. Disponível em: <http://www.scielo.br/scielo.php?script=sci_arttext&pid=S0100-15742012000200007>. Acesso em: 9 nov. 2018.

MELITO, L. Metade dos docentes no país não recomenda a própria profissão. Falta confiança entre professores e secretarias de educação, dizem. *Agência Brasil*, Brasília, 30 jul. 2018. Disponível em: <http://agenciabrasil.ebc.com.br/educacao/noticia/2018-07/metade-dos-professores-no-pais-nao-recomenda-propria-profissao>. Acesso em: 9 nov. 2018.

MIRANDA, A. R. A.; MAGALHÃES JUNIOR, A. G. Política educacional, formação de professores e profissão docente: um olhar sobre a formação docente em história na UECE. *Jornal de Políticas Educacionais*, Paraná, v. 10, nº 19, jan./jun. 2016, p. 34-44. Disponível em: <https://revistas.ufpr.br/jpe/article/view/49954/30036>. Acesso em: 10 nov. 2018.

NÓVOA, A. Formação de professores e formação docente. *Os professores e a sua formação*. Lisboa: Ed. Dom Quixote, 1992.

_____. (org.) Vidas de Professores. 2. ed. Porto, Portugal: Porto Editora, 1995.

_____. Para uma formação de professores construída dentro da profissão. *Professores: imagens do futuro presente*. Lisboa: Educa, 2009. p. 25-46. Disponível em: <http://www.revistaeducacion.educacion.es/re350/re350_09por.pdf>. Acesso em: 9 nov. 2018.

12. Do número absurdo de sindicatos no Brasil

Enquanto isso, mesmo faltando muita coisa aos brasileiros, cinco meses de trabalho por ano é o peso dos impostos no Brasil.

Nessa conta não estão incluídas outras coisas, uma delas, por imposição legal, que nos obrigava a sustentar até recentemente os sindicatos. São mais de 17.000 sindicatos que, através de contribuições compulsórias, também alimentávamos, até a reforma da CLT, que finalmente pôs fim a esse maravilhoso mundo cor-de-rosa em que viviam seus dirigentes, que, por sua vez, estão atrelados a um dos últimos resquícios da Ditadura Vargas no Brasil, a CLT. Ao longo de décadas, ninguém teve coragem de mudar isso, por conveniência pura. Bancadas inteiras no Congresso são atreladas aos sindicatos! Dinheiro fácil e abundante, dividido aos seus e, principalmente, alimentando campanhas políticas de seus dirigentes, dentre outros favorecimentos pessoais, nepotismo, salários estratosféricos, e por aí vai!

Há ainda cerca de 12.000 sindicatos aguardando a expedição da carta sindical para iniciar seu funcionamento. Produzir, como faz a maior parte dos brasileiros, eles não querem, mamar nas receitas públicas e no bolso dos trabalhadores é mais fácil!

Essa visão distorcida da realidade sindical em muito têm prejudicado o trabalhador brasileiro. Não sou contrário aos sindicatos, em certa medida são necessários, mas não no modelo que se nos apresentam no Brasil. Um sindicato deve buscar seus filiados em suas bases territoriais, para assim legitimar sua atuação, e, mais que isso, legitimar sua existência, tendo como base o número de filiados que conquistou, e não receber contribuições compulsórias feitas em cima de uma legislação arcaica como era a CLT até a entrada em vigor da sua reforma em 11 de novembro de 2017.

Nesse caso, mais uma vez se comprova que os políticos, em seus mais variados níveis, servem-se do povo, ao invés de servi-lo. A pesada conta paga pelos brasileiros precisa com urgência ser diminuída, sob pena de provocar uma convulsão social com consequências jamais vistas por essas terras outrora lusitanas. Nunca se explorou tanto um só povo em tempo de paz, e em plena democracia!

Uma democracia não pode ser usada para golpear seus nacionais nem qualquer outro povo. A política é necessária e vital para a vida em sociedade, e deve, portanto, ser exercida para o bem da sociedade, isto é, a ela servir, não como têm sido a prática no Brasil. Por séculos, nossos políticos se serviram do povo, em vez de servi-lo! No Brasil, o povo é cavalgado pelos políticos que deveriam protegê-lo e fazer prosperar, porém, prosperam os representantes; os representados pagam a pesada conta, oriunda do exercício rotineiro dos desmandos ou da repugnante corrupção que sempre assolou nosso país.

Há seríssimas denúncias quanto à concessão dessas cartas sindicais. Vários são os inquéritos e operações da Polícia Federal no sentido de desbaratar um grupo que tomou conta do Ministério do Trabalho há décadas. Informações divulgadas ao longo das investigações dão conta de uma cobrança de mais de três milhões de reais por carta sindical concedida.

Já foram afastados dois ministros do Trabalho por ordem do Supremo Tribunal Federal, situação grave que precisa de uma resposta eficaz e a punição dos eventuais culpados.

Tudo isso, e considerando todas as operações da Polícia Federal em curso no Brasil, nos dá a certeza de que a corrupção intenta contra os interesses do povo, e, o que é pior, por vezes se dá por impulso oficial dos governos de plantão, sempre associados a alguém da iniciativa privada, ou em conluio entre os da casa, conforme se depreende das diversas investigações em curso neste país.

Além da Operação Lava Jato, estão em curso no âmbito da Polícia Federal outras tantas operações, todas visando desbaratar quadrilhas ou bandos que praticaram desvio de dinheiro público. No entanto, o enredo não muda: políticos desviando-se de seus objetivos e, claro, desviando o dinheiro do erário para suas "quase" secretas contas. Nada, ou quase nada, mudou desde a descoberta e a colonização do Brasil por Portugal. Por aqui a roubalheira continua a mesma, às vezes crescente!

13. Das consequências do excesso de municípios

Há excesso de municípios e dinheiro público mal-empregado em funções dispensáveis em todo o Brasil. Esse cenário constitui nosso maior pesadelo econômico, do qual a maioria dos brasileiros nem sequer tem noção.

As cifras desperdiçadas nesse emaranhado de municípios só não são maiores que a pequenez política de quem os criou!

Milhares de novos minúsculos municípios foram criados ao bel-prazer dos "coronéis" políticos deste país tupiniquim. Uma forma de presentear um amigo ou correligionário político, além, é claro, de criar mais feudos políticos e uma máquina para contratar pessoas. Tanto a criação quanto as contratações em excesso se dão sem qualquer necessidade administrativa. Aliás, será demonstrado que essa criação de milhares de novos municípios está na raiz do nosso fracasso econômico e social.

As poucas estruturas existentes nas cidades foram completamente destruídas pelo desmembramento de um município em outros tantos, criando minúsculas cidades sem nenhuma viabilidade econômica, servindo apenas como mais uma porta escancarada para as práticas de nepotismo e corrupção.

Nesse contexto, foram destruídas por completo as já combalidas áreas de saúde, educação e transportes; enfim, tudo que existia e de certa forma vinha funcionando em benefício de toda a população daquela cidade. Tudo isso foi esfacelado pela ação predatória de políticos inescrupulosos, que visavam apenas seus próprios benefícios.

Destarte, sonhando com um mundo melhor, os munícipes acabaram por aplaudir essa criação da sua nova cidade, até que descobriram que ganharam apenas mais uma imensa conta para pagar!

As novas cidades não têm nenhuma estrutura a oferecer aos munícipes, apenas contas a pagar, com uma folha de pagamento que por vezes abriga cerca de 30% ou mais de seus habitantes.

A grande jogada de seus idealizadores é o Fundo de Participação dos Municípios, com o desmembramento das cidades em novos municípios, cada um passando a receber uma cota desse fundo, conforme se demonstrará nos capítulos a seguir.

14. Da evolução do número de municípios através do tempo - 1940 a 2018

De 1940 a 2007 o Brasil criou 3.990 novos municípios, segundo a 4ª edição do *Atlas Nacional do Brasil*, divulgada pelo Instituto Brasileiro de Geografia e Estatística (IBGE). O dado, no entanto, já teve uma atualização. De acordo com o Censo 2010, o Brasil tinha, em 2000, 5.507 municípios; já em 2010 contava com 5.565 – 58 novos municípios em dez anos. Com relação a 2007, criou-se o município de Nazária, no Piauí, que, segundo o IBGE, foi desagregado da capital Teresina.

De acordo com o instituto, apesar do grande dinamismo da malha municipal brasileira, há períodos em que novos municípios são criados em grande quantidade, e outros nos quais esse processo é bastante reduzido.

O *Atlas* aponta que os maiores aumentos em valores absolutos ocorreram ao longo das décadas de 1950, 1960 e 1990. Já em termos percentuais, as maiores elevações ocorreram entre 1950 e 1960 (32%) e 1960 e 1970 (30%). No período de 1991 a 2000 foram emancipados 1.016 municípios, o que representou um acréscimo de 18% no total nacional. Nesse período de completo desrespeito ao dinheiro público, visando aumentar seus domínios, nossos parlamentares extrapolaram na criação de seus feudos eleitorais, criando 8,9 municípios por mês.

Já entre 2000 e 2007 surgiram apenas 57 novos municípios, valor equivalente a 1% do total. A distribuição do número de municípios pelas Unidades da Federação permanece desigual ao longo dos anos. Em 1940, dos 1.574 municípios do país, 567 (cerca de um terço) pertenciam aos estados de Minas Gerais e São Paulo. Uma década depois, o Brasil passou a dispor de mais 315 novos municípios, sendo 194 destes concentrados nesses mesmos estados.

Em 2007, Minas Gerais e São Paulo possuíam, juntos, 1.498 municípios, cerca de 27% do total nacional. Desde a Constituição de 1988 o estado que apresenta maior número de emancipações é o Rio Grande do Sul, que mais que dobrou seu montante municipal.

Malha municipal do Brasil em 1940 e 2007

A malha das unidades da federação também sofreu mudanças de 1940 a 2007, segundo o *Atlas Nacional do Brasil*. Em 1943, um decreto-lei criou cinco territórios federais: Guaporé, com área desmembrada dos estados de Mato Grosso e Amazonas; Rio Branco, com área do Amazonas; Amapá, com área do Pará; Ponta Porã, desmembrado de Mato Grosso; e Iguaçu, com área do Paraná. Os territórios de Ponta Porã e Iguaçu, no entanto, tiveram curta duração, foram extintos pela CF de 1946.

De acordo com o IBGE, o Distrito Federal foi transferido, em 1960, para o Planalto Central, com a criação da cidade de Brasília. Assim, o até então Distrito Federal (no Rio de Janeiro) foi transformado em Estado da Guanabara, que existiu até 1973, quando sofreu a fusão com o estado do Rio de Janeiro. A mesma área foi transformada, mais tarde, no município do Rio de Janeiro.

Em 1962 o Acre deixou de ser um território federal e se tornou mais um estado brasileiro. A CF de 1988 fez o mesmo com os territórios de Rondônia, Roraima e Amapá.

O antigo estado de Mato Grosso foi dividido, em 1977, e deu origem aos atuais estados de Mato Grosso, cuja capital continuou sendo Cuiabá, e de Mato Grosso do Sul, que passou a ter como capital a cidade de Campo Grande.

O antigo estado de Goiás também foi dividido, em 1988, para dar lugar aos estados de Goiás, com capital em Goiânia, e do Tocantins, com capital na cidade de Palmas.

O advento da CF de 1988 despertou nos políticos brasileiros uma vontade enorme de criar novos municípios. Em determinados casos nota-se que foram criados para atender aos interesses de determinadas pessoas, em detrimento da população em geral; a esta foi reservada a conta de toda a lambança feita por eles! Como resultado disso, vários estados aumentaram de forma espantosa o número de municípios. Hoje, quase todos esses estados estão quebrados e seus municípios à míngua por absoluta inviabilidade econômica e gerencial!

15. Dos efeitos dessa lambança institucional

Números alarmantes de gastos, serviços ineficientes e excesso de funcionários em todos os níveis de governo.

Essa situação permeia o governo federal, os estados e os 5.570 municípios brasileiros.

Para acelerar e modernizar a administração pública é preciso combater com eficácia a corrupção (fruto direto de um Estado paralisado e jurássico), reduzir os cargos comissionados, reformar a legislação (será que não chegou a hora de se repensar a Constituição de 1988 e propor uma nova Assembleia Constituinte?), regular e fiscalizar as instituições do governo.

Destacamos aqui os motivos para o problema da ineficiência dos serviços públicos e o sofrível desempenho da gestão pública.

Dentre outros problemas, destacamos, como exemplos, os seguintes: a divisão de um município de 30 mil habitantes em diversos outros; a criação de novas estruturas de governo sem qualquer infraestrutura para o atendimento de suas populações. Com isso, esses novos municípios levaram parte dos recursos do município originário.

Para se criar um novo município é feita uma nova redistribuição do Fundo de Participação dos Municípios (FPM) entre todos os municípios daquele estado, provocando, com isso, o empobrecimento geral. Mas os novos municípios não conseguem instalar em seus territórios os serviços necessários às suas populações.

Nesse caso, diante da necessidade de seu povo, os administradores desses novos municípios criam soluções mirabolantes, dentre elas um sistema em que diariamente saem verdadeiras caravanas de cidadãos daqueles municípios para o antigo, pois acreditam que nele existem os serviços que faltam nesses novos. Porém, parte dos recursos daquele município antigo foi retirada para distribuir aos novos, e, assim, não mais possui a infraestrutura de antes.

Com isso, ficam todos sem nada, pois o município que antes tinha determinado recurso e, com isso, um planejamento para atender 30 mil habitantes, com o desmembramento passa a ter um planejamento para um novo e, portanto, menor quadro. Como podemos observar, na prática, os antigos municípios mantêm a mesma demanda, sem, no entanto, estar preparados para isso. Quer na estrutura, quer nos recursos financeiros e humanos necessários à demanda irregular, ora imposta àquele município em razão da "esperteza" de seus líderes políticos.

O que é surpreendente nesses casos é que os benefícios sociais, outrora propalados pelos políticos ao convencer o povo de que a criação de um novo município seria um avanço para todos, apenas se revelam benéficos aos seus criadores, ou seja, os políticos ávidos pelo dinheiro do FPM.

Resta claro, no entanto, que foi apenas mais um duro golpe aplicado aos incautos eleitores. A criação desses novos municípios atendeu apenas às expectativas dos políticos idealizadores, ou seja, mais uma fonte para seu abastecimento político e financeiro.

Quanto ao povo, esse segue literalmente enganado por seus representantes políticos. Nessa operação, apenas se criou uma nova máquina administrativa, na qual os políticos vão empregar seus correligionários e apaniguados políticos. O povo segue sendo literalmente cavalgado pelos políticos idealizadores dessa farsa institucional que foi a criação do novo município. Ao povo resta pagar a conta de mais uma prefeitura e uma câmara municipal e suas centenas de assessores e servidores públicos, dos quais jamais se livrarão. Assim, o povo segue seu martírio diário, sem os serviços que outrora possuíam, ganhando em troca mais uma pesada e ineficiente máquina pública para alimentar com o suor do seu rosto.

O que nos preocupa, no entanto, é que o nefasto e doloroso resultado dessa sanha política local resulta por distribuir a conta dessa insanidade a toda a sociedade brasileira, pois, ao faltar recursos nos cofres desses novos e quebrados municípios, estes recorrem, em regra, aos governos estadual e federal em busca do bem da sua vida, ou seja, mais dinheiro para alimentar uma máquina desnecessária e ineficiente. Esses governos, por sua vez, por meio de ardilosos artifícios, metem a mão em nossos já esvaziados bolsos para pagar uma conta criada por uma classe parasitária, composta por diversos malandros políticos de plantão, que em sua maioria nunca soube o que é trabalhar de verdade, vivem por gerações à custa de um incauto povo sem rumo e sem noção da realidade que nos abocanha a cada ano mais de cinco meses de trabalho para alimentá-los.

Destaca-se, pois, que no ano de 2017 sete em cada dez municípios brasileiros fecharam suas contas com restos a pagar, ou seja, literalmente quebrados. Para cobrir o rombo, os deputados federais de cada estado buscaram junto ao governo federal mais dinheiro para cobrir o buraco. No caso do Estado de São Paulo, foram mais dois bilhões de reais no início de 2018. Todo esse dinheiro sai do nosso bolso, o famoso caixa do governo!

A sociedade brasileira precisa urgentemente acordar! Os trancos que tomamos em razão do Mensalão e do Petrolão, dentre outras contumazes roubalheiras ocorridas ao longo de séculos, devem servir como um espelho a nos lembrar a cada dia que não se deve confiar cegamente em nossos representantes. É preciso, portanto, de uma vigilância diária e eficaz para que não se repitam determinados episódios de roubalheiras, que, além de quebrar o Brasil, nos envergonham perante toda a comunidade internacional.

Somos hoje um pouco mais de 200 milhões de brasileiros. Não podemos ser subjugados por meia dúzia de crápulas sem noção! Esses senhores não passam de falsos políticos; muitos estão envolvidos em crimes de colarinho branco, ou seja, da pior espécie. Roubam com a caneta que deveria ser usada para o benefício da coletividade. Além de seus altos salários, também recebem muitas vantagens, tudo bancado por meio dos sofridos recursos do povo, que são arrancados da sociedade por meio de um surreal sistema tributário. A esses senhores deveria ser ensinado que a palavra candidato deriva do latim *candidatus – cândido, puro, sem mancha –,* o que boa parte está longe de chegar a ser.

Quando se cuida da administração da coisa pública, deve-se fazê-lo com responsabilidade. Administrar o presente e projetar o futuro de um povo requer respeito e seriedade no trato das questões públicas, não podendo a coisa pública ser tratada como se fosse uma ação entre amigos, como ocorreu – e ainda ocorre – ao longo de muitos anos no Brasil. O ato de representar um povo constitui um "múnus público", não uma licença para se apoderar do erário para si e/ou para outrem! Igualmente, o eleitor precisa rever seus conceitos, parar de acreditar que político bom é aquele que rouba mas faz. Nós precisamos de bons administradores. Você confiaria sua empresa familiar a uma pessoa despreparada ou a um conhecido ladrão? Acredito que a resposta seja não!

Então, por que fazer isso com seu país, colocando para geri-lo pessoas completamente desabonadas socialmente? Ser político deve requerer conduta ilibada e moral acima de qualquer suspeita. O povo, por vezes, opta por eleger condenados, indiciados e réus! Triste sina de um povo sem educação, inclusive educação política.

No âmbito municipal, nos 5.570 municípios há mais de 500 *mil* cargos de livre provimento para atender às indicações dos aliados dos prefeitos.

Todo esse aparato de pessoas está em sobreposição aos funcionários públicos, aqueles efetivos da máquina pública que, mediante concurso público, tiveram acesso ao cargo.

Há um enorme disparate nos valores dos salários do funcionalismo público. A maior diferença se dá exatamente nos cargos de livre provimento, aos quais é possível atribuir uma série de vantagens sem nenhum controle.

A burocracia e a ineficiência são marcas registradas da máquina pública, de uma qualidade insatisfatória no atendimento aos munícipes.

Cargos em comissão como moeda de troca entre interesses políticos, além de ser uma das fontes que alimentam a corrupção, têm patrocinado o atraso no Brasil há séculos.

O excesso de cargos de confiança funciona como barganha, espécie de moeda de troca do Executivo para a obtenção de apoio parlamentar para aprovação de projetos ou das contas públicas. Essa disponibilidade abre brechas para pressão política e gera o fio condutor para a corrupção e a ineficiência.

O resultado é uma máquina pública inchada e pessoas de sobra ocupando, por indicação, cargos no serviço público, muitas vezes sem a qualificação técnica e profissional necessária às funções a serem desempenhadas. Os governos, além de aceitarem as indicações políticas, substituem os técnicos concursados em suas funções pelos indicados, e o resultado não poderia ser outro, ou seja, o desastre total da administração.

Esse tipo de cargo, chamado em comissão ou simplesmente comissionado, foi criado nos anos 1960 para dar flexibilidade à contratação. Com ele, o governo pôde suprir áreas com falta de funcionários concursados. Mas a falta de critérios abriu caminho para um número gigantesco de nomeações, muito acima do que recomendam as boas práticas de administração pública. Além disso, o intuito de criar essa modalidade de funcionário era suprir cargos técnicos em falta no governo; hoje, por ironia do destino, os técnicos do governo são substituídos pelos comissionados.

O excesso de cargos em comissão pavimenta o caminho tortuoso para a corrupção, já que tais cargos funcionam como moeda de troca entre presidente, governadores, prefeitos e parlamentares. Nesse universo de troca-troca, as relações republicanas não existem; o que existe de fato é o nepotismo cruzado, quer dizer, fulano contrata alguém por indicação de outrem, que, por sua vez, retribui com a contratação do parente do outro; assim, a lei para abolir o nepotismo é facilmente burlada.

A corrupção rouba o dinheiro da saúde e da educação pela utilização dos artifícios e de todos os meios possíveis, acabando por roubar o sonho e a vida daqueles a quem o Estado deveria proteger.

Recentes pesquisas nos dão conta de que 67% de todo o dinheiro desviado nos municípios são provenientes das verbas da saúde e da educação. Nem seria necessário consultar essas pesquisas, bastando apenas observar os noticiários, que a cada dia nos dão conta de prisões de prefeitos e vereadores envolvidos nos mais diversos tipos de falcatruas em todo o território nacional. São desviados recursos da merenda escolar, dos diversos convênios, além, é claro, do FPM e do Fundeb.

Toda essa roubalheira acaba por concentrar a renda e poder nas mãos dos mesmos, pois, com o dinheiro amealhado de forma ilícita, estes acabam comprando a próxima eleição com o dinheiro roubado daqueles que se vendem em troca daquilo que outrora fora roubado dos cofres públicos, ou seja, utiliza-se o dinheiro do povo para "comprar" o voto de boa parte desse mesmo povo!

Assim, permanecemos nessa farra nefasta de eleição em eleição. Nada muda, nem os nomes dos ladrões, por vezes já denunciados aos quatro ventos, que, ainda assim, são eleitos pelo povo. Para mudar isso o povo precisa mudar, os políticos são fruto de uma sociedade, e, se esta está doente, também doentes serão os que emergem dela para representar os demais!

É preciso interromper esse ciclo vicioso, sob pena de, não o fazendo, sermos completamente banidos de qualquer possibilidade de um crescimento econômico e social duradouro. Boa parte das empresas estrangeiras já deixou o Brasil, afirmando que a decisão se baseou no inimaginável passivo trabalhista, que só existe no Brasil. Por essas terras, o pagamento não quita a dívida, mesmo depois da entrada em vigor da Reforma Trabalhista em novembro de 2017. Diversos juízes se recusam a aplicar a lei! Diante de tal recusa, é provável sua extinção. Tal estrutura, além de custar R$ 21 bilhões de reais por ano, presta um desserviço à nação! Justiça que não cumpre os estritos ditames da lei é outra coisa, mas não justiça!

Nosso sistema político é permissivo e desarticulado. Em razão das falhas legais, fruto de um Congresso Nacional contaminado por políticos que são eleitos e reeleitos, há décadas em seus postos, por si ou por seus parentes que os antecederam, assim formando verdadeiras oligarquias centenárias que quase nada fazem além de propiciar, por ação ou omissão, diversos malfeitos que afetam sobremaneira os destinos e as riquezas dessa nação.

Há poucas e tímidas esperanças de mudanças nesse cenário catastrófico em que vivemos há séculos.

Com as eleições de 2018, espera-se uma forte mudança nesse cenário que boa parte dos brasileiros não quer ver mais! Os deseducados e os coniventes fingem-se de cegos e mudos. Comportam-se como verdadeiros apátridas, preferem colocar no comando da nação pessoas cuja vida pregressa não os abonam. Mesmo presos por corrupção e lavagem de dinheiro, obtêm índices expressivos de intenção de votos! Há diversos condenados que voltaram ao poder pelas mãos do eleitor, e, claro, continuam a delinquir. Nesse particular, a falta de educação é um dos fatores, além da falta de princípios, da venda de votos e outras artimanhas. Dentre estas, a falta de vergonha é o principal quesito! Quem não está acostumado ao Brasil certamente perguntará: "Que país é esse?".

Na seara dos municípios acontece uma verdadeira farra. Desses 5.570, poucos têm arrecadação suficiente para cobrir a folha de pagamento, e ainda assim mantêm as mordomias por intermédio de repasse da União e dos Estados, ou seja, a injeção de dinheiro do já combalido contribuinte, para alimentar o sonho de grandeza de meia dúzia de "poderosos" em cada cidadezinha.

Na maioria desses municípios não há saneamento básico; escolas, quando existentes, são precárias; e creches não existem. Contudo, o dinheiro para as próximas campanhas políticas sempre aparece, fruto de desvios de dinheiro público, aquele que falta para a saúde e a educação.

Na saúde, a situação de calamidade em que vive a quase totalidade dos moradores dessas minúsculas cidades, além de insana, é algo que atenta contra a dignidade humana, para dizer o mínimo!

São 5.570 Câmaras Municipais, com no mínimo nove vereadores cada, sendo que nenhum deles vive sem seus assessores.

Considerando-se um número pequeno de dez assessores para cada vereador, podemos imaginar que essa conta é bastante pesada, algo em torno de 57.900 vereadores que empregam aproximadamente 600.000 assessores, apenas nos cargos de livre provimento, ou seja, os cargos de confiança dos vereadores. Essa conta considera apenas o mínimo legal, ou seja, nove vereadores por cidade, o que não é verdade, porque as cidades maiores possuem mais do que nove vereadores!

É importante frisar que nesse número de 600.000 funcionários de confiança não estão incluídos os efetivos da casa. Esta é outra conta pesada e eterna: os concursados!

Além dos funcionários comissionados nas prefeituras, que chegam a 500.000 nos 5.570 municípios, temos os concursados, que, somados os dos estados e os da União, chegam à assustadora quantia de pouco mais de 15.000.000 no total, aí considerados ativos e inativos.

Se observarmos o atendimento dos serviços públicos, a realidade que nos é apresentada é a falta generalizada de funcionários nos atendimentos diversos. Diante disso, é forçoso perguntar: onde está esse imenso contingente humano?

A falta de bom senso e a desfaçatez são tamanhas que, a partir de 2015, o Brasil ganhou mais cinco municípios: Pescaria Brava (9.835 habitantes e 7.175 eleitores) e Balneário Rincão (com 12.018 habitantes e 9.949 eleitores), em Santa Catarina; Mojuí dos Campos, no Pará (com 32.000 habitantes e 16.971 eleitores); Pinto Bandeira, no Rio Grande do Sul (com 3.000 habitantes e 2.224 eleitores); e Paraíso das Águas, no Mato Grosso do Sul (com 5.150 habitantes e 3.721 eleitores). Com esses acréscimos, o país passou a ter 5.570 municípios espalhados pelos 26 estados brasileiros.

Com isso, fica cabalmente demonstrado que o país continua na contramão econômica, criando cada vez mais estruturas permanentes, caras e perfeitamente dispensáveis do ponto de vista da administração pública. Esse costume e essa prática são muito dispendiosos para toda a nação, uma vez que a conta desse devaneio político é paga por todos nós. O que alimenta toda essa máquina são os impostos que pagamos.

Toda a celeridade empregada na criação de novos municípios teve e tem como objetivo principal abocanhar uma fatia do FPM, abordado com mais profundidade adiante, além, é claro, de nomear milhares de correligionários e apaniguados políticos, cuja fatura correspondente nos é apresentada mensalmente.

16. Das promessas políticas em cada eleição

Um país só é grande se seu povo estiver bem cuidado, bem alimentado e com real esperança de uma vida melhor. Não é admissível o Brasil, tão rico, ainda ter seu povo, na maioria, vivendo na miséria, dependendo de esmolas do "Tesouro", que usa o seu, o meu, o nosso bolso para sua alimentação.

O que falta a essa gente é educação de qualidade, saúde e perspectiva de um desenvolvimento duradouro e sustentável. O povo não precisa de esmolas do "poder público". Essas esmolas, por sua vez, vêm sempre disfarçadas de grandes programas de compra de votos para reeleição dos governantes de plantão. Os programas sociais são desenvolvidos como se fossem de um presidente da República, e não como um programa de Estado, como deveria ser em um país sério, sem que seus pífios resultados sejam apropriados pelos populistas de plantão.

Os eleitores votam, esperam pelo cumprimento das promessas, o que com frequência não ocorre – a estrada prometida, melhorias em seu meio ambiente, escola, financiamento da produção, que não chega a todos os pequenos e médios produtores rurais. Tais recursos quase sempre param nas mãos dos grandes atravessadores dos recursos públicos, perdidos em infindáveis maratonas de órgãos dos diversos níveis de governos, passando, é claro, pelo apadrinhamento político e pela já consagrada corrupção.

O que não é divulgado é que todo esse custo do dinheiro, inclusive a corrupção, é colocado nas prestações dos financiamentos em geral, inclusive dos pequenos e médios produtores. Finalmente, após a colheita da safra, o custo de toda essa zorra chega aos preços, que, por sua vez, chegam ao bolso do consumidor final! E, claro, já acrescidos dos impostos, que, dentre outras coisas, incorporam o custo invisível da corrupção ocorrida no percurso do dinheiro antes de chegar às mãos do produtor rural, e sobre ela também incide suas alíquotas. Até quando suportaremos isso?

Pobre de todos nós neste país com uma das cargas tributárias mais altas do mundo, conforme já demonstrado. Pagamos imposto até sobre o percentual da corrupção embutida no custo da produção. É de chorar!

Por tudo isso, resta-nos, entretanto, fazer a lição de casa se quisermos sair do marasmo e da indelicada e eterna situação de "país do futuro". É sempre bom perguntar: de que futuro se está falando, o futuro de boas condições de vida para todos, ou o futuro do mesmo atraso de séculos atrás?

No quesito educação, estamos, no mínimo, três décadas atrasados, não em relação aos países de primeiro mundo, mas ao Chile, nosso vizinho da América do Sul.

Recentes estudos divulgados pela ONU nos dão conta de que a política educacional desenvolvida pelos governos de Lula e Dilma nos jogaram para trás 239 anos.

Enquanto permanecermos elegendo políticos desonestos e incompetentes, populistas desprezíveis, nossa situação será a mesma, ou seja, renegados ao ostracismo. Condenados a viver sempre, no mínimo, no século passado, e convivendo com pessoas e negócios do século seguinte, sem, no entanto, estarmos preparados para isso.

A virada de página está em nossas mãos! Chega de votar em amigos sem as qualificações necessárias para exercer em seu nome o poder a eles delegado, tampouco votar em políticos cuja ficha corrida de crimes já é conhecida. É preciso renovar o cenário político brasileiro. Essa depuração, a exemplo do que ocorreu com o PT em 2016, ocorreu também em relação aos demais políticos brasileiros nas eleições de 2018. Do MDB, PSDB, PP e outros, que sempre andaram atrelados às más práticas políticas, claro, sobreviveram muitos, "protegidos por suas repúblicas particulares". A esses poderosos senhores posso afirmar: tenha certeza de que sua vez chegará! A depuração em andamento não para em 2018. Para muito além das urnas, existe a justiça, que, silente, segue seu curso, e dará em certo momento seu veredito!

O povo não pode nem deve ter político corrupto de estimação! Não há, pois, nenhum caminho fora da democracia. Em razão disso, é preciso escolher com consciência nossos representantes. Caso a escolha recaia sobre alguém que não corresponda à expectativa, democraticamente deve este ser banido da próxima eleição, não só pelo voto, mas por meio de uma legislação moderna que imponha o confisco de bens, o cumprimento integral da pena pelo preso e o banimento definitivo da vida pública de políticos condenados por crimes de lesa-pátria!

A chave do cofre do Brasil já permaneceu por demasiado tempo nas mãos de bandidos de toda espécie. O resultado disso é um país em sérias dificuldades financeiras, e com seu prestígio seriamente abalado internacionalmente!

Enquanto isso, os corruptos que ainda estão soltos deleitam-se com o fruto do seu roubo, ou seja, com o "furto" do seu trabalho!

Entendo que, para se votar em alguém, dentre outras coisas, são necessárias algumas indagações: o candidato é capaz de desempenhar as funções do cargo ao qual se propõe? Está qualificado para isso? Suas referências sociais são boas? Aparenta ser honesto em suas relações sociais? Se o resultado dessas questões for positivo, parece que nosso candidato merece uma chance, e, assim, podemos nele votar. Depois desse voto depositado na urna, é necessário fiscalizar a atuação dos eleitos. Exemplo dessa necessidade de fiscalização foram os mais de 13 anos de roubalheiras por que passamos recentemente. Votar apenas não é suficiente para que não mais ocorram casos como o Mensalão e o Petrolão nos governos populistas do PT e seus puxadinhos e "aliados financeiros" de toda sorte, bem como outras tantas bandalheiras que atingem quase que a totalidade dos 35 partidos políticos hoje em operação no Brasil. Além disso, centenas de prefeitos e vereadores picaretas, que roubam o sagrado dinheiro público para com ele fazer suas ostentações mundo afora. Como porcos que são, ostentam nas redes sociais suas lambanças com o dinheiro do erário, aquele dinheiro que falta na saúde, na educação, no saneamento básico, no transporte escolar e em tantos outros setores!

Não há, pois, nenhum caminho fora da democracia. É preciso, portanto, continuar votando, corrigindo nossos erros a cada eleição. A dignidade de um homem se mede por seus atos. No Brasil de hoje temos muitos indignos em postos-chaves da nação, e, pior, todos chegam lá pelo voto popular!

É cediço que os representantes de um povo devem ser o melhor que existe entre os seus! Se o nosso melhor é isso que se nos apresenta, muito para além de aprender a votar devemos pedir a Deus que tenha piedade de nós!

Mesmo para alguns dos "nobres senhores", os vereadores, sendo estes os políticos mais próximos ao povo, por vezes nem isso os demove de suas sanhas bandidas nem de sua forte atração ao cofre público. Usam o dinheiro público como se seu fosse!

As dificuldades do povo que os elegeu não os comovem. O que importa a esses "cidadãos" são seus bolsos cheios de dinheiro, mesmo que este seja o seu, o meu, o nosso dinheiro!

Com todo esse contingente de 5.570 municípios, torna-se muito difícil sua fiscalização. Por exemplo, o estado de Minas Gerais possui 853 cidades e um Tribunal de Contas em Belo Horizonte para fiscalizar as contas do estado e de todos esses municípios. Resta claro que essa fiscalização é um faz de contas!

17. Da proposta de aglutinação dos municípios

Em razão do narrado acima e de todo o dinheiro desperdiçado nesses municípios, faz-se necessário e urgente reduzi-los por meio do reagrupamento, fazendo que um município tenha uma população mínima de 20.000 habitantes.

Com a redução de cerca de 60% desses municípios e o reagrupamento das eleições gerais a cada cinco anos, teríamos o dinheiro faltante no Brasil para as áreas de educação, saúde, transportes e investimentos em geral, sem a necessidade da criação ou aumento de impostos.

Como se daria a resolução dos funcionários efetivos dos municípios aglutinados cuja existência desaparecerá? É simples. O município resultante da fusão levará todos os funcionários bem como a receita dos aglutinados. Nesse caso, a verba do FPM ficaria com esse único município por um período de dez anos. Após esse prazo, seguir-se-ia a distribuição normal de hoje, ou seja, a divisão do bolo por todos os municípios, observadas as peculiaridades da legislação vigente!

Qual o ganho disso? Com esse sistema, impedir-se-á o crescimento vegetativo do quadro de funcionários públicos, *o que elevaria em 20 anos, dos cerca de pouco mais de 15 milhões atuais, para cerca de 26 milhões.* Isso, por si, só já justificaria a mudança!

Todos os funcionários efetivos dos municípios aglutinados iriam para o novo município resultante da aglutinação. Depois, seria criado um grande programa de demissão voluntária para adequar o quadro de funcionários à realidade do novo município. No pior dos mundos, esses municípios ficariam, no mínimo, 20 anos sem a necessidade de novas contratações, além, é claro, de substituir os comissionados por esses funcionários efetivos, acabando com outra farra que nos custa muito dinheiro.

Faz-se necessário mexer no pacto federativo como forma de dar efetividade à Federação, dando aos municípios uma autonomia que hoje não existe. Proponho que o dinheiro hoje arrecado nos municípios fique nestes, indo para o poder central (Brasília) apenas a cota que lhe pertence! Tal medida se faz necessária como forma de dar efetividade à federação, e, ainda, de nos proteger, espalhando o dinheiro e as responsabilidades sobre ele. Podemos ter eventuais e pontuais problemas, mas não sofreremos perda total, como ocorreu recentemente em nosso país. Um único homem não pode comandar todo o dinheiro de uma nação!

Vamos imaginar a situação de um presidente moribundo, cujas forças para o cargo já há muito se esvaíram, tornando-o refém de um Congresso havido por vantagens pessoais indevidas. A torneira fica aberta e à disposição dele para os usos que melhor lhe aprouver, os quais nem sempre serão empenhados em prol da nação! Lembrando sempre que esse tesouro é meu, seu, do nosso bolso!

Esse, infelizmente, é o caso do atual presidente do Brasil, Michel Temer. Mesmo tendo feito um governo muito mais plausível do que o da sua antecessora, caiu em desgraça devido a duas denúncias sofridas junto ao Supremo Tribunal Federal, quando todo o seu capital político e parte de nossas reservas foram utilizados para estancar a sangria! A manutenção desse sistema de concentração do poder e a distribuição de todo o dinheiro da nação nas mãos apenas do presidente da República não são salutares para o Brasil.

18. Federalização da Justiça no Brasil

Tenho manifestado diversas vezes uma preocupação com a atual forma de indicação dos ministros dos Tribunais Superiores: Supremo Tribunal Federal (STF), Superior Tribunal de Justiça (STJ) e Tribunal de Contas da União (TCU). Com o tempo e os acontecimentos, por vezes nada republicanos, restou evidente que esse modelo não é viável. Alguns chefes do Poder Executivo confundem os cargos de Estado como se fossem seus. A partir daí adotam comportamentos que ensejam constrangimentos aos ministros e à sociedade.

Diante disso, entendo que talvez o caminho para resolver a questão do acesso de novos ministros aos tribunais superiores, bem como resolver a sobreposição dos diversos níveis de justiça – tanto as estaduais quanto as três justiças federais, a saber: Estaduais, Federal comum, Eleitoral e do Trabalho –, viria da federalização da justiça, ou seja, uma única justiça federal, que seria hierarquizada da primeira à última instância.

Com isso, desapareceriam as Justiças dos 26 estados e do Distrito Federal; já as federais, a Eleitoral e a do Trabalho passariam a ser varas especializadas dentro da Justiça Federal.

A Justiça Eleitoral no modelo atual custa cerca de R$ 10 bi/ano; a Justiça do Trabalho custou, em 2017, R$ 21,8 bi. No caso da Justiça Eleitoral, esta funciona com juízes emprestados das justiças estaduais, em primeira e segunda instâncias, e do Tribunal Superior Eleitoral, com ministros dos tribunais superiores (STF e STJ).

A Justiça do Trabalho, por sua vez, após a entrada em vigor da reforma trabalhista, Lei nº 13.467, em 11 de novembro de 2017, teve uma redução de cerca de 60% no volume de entrada de novos processos. Desta feita, não se justifica mais sua existência nos padrões atuais.

É importante frisar que tanto a Justiça do Trabalho quanto a Justiça Eleitoral, nos moldes que aqui funcionam, são exclusividade do Brasil, ou seja, só existem aqui. Fica difícil explicar aos estrangeiros como um país tão pobre como o Brasil pode se dar ao luxo de criar tais estruturas, enquanto nações desenvolvidas e milenares não as possuem.

Seria o Brasil um país diferente, ou é mais uma forma de criar estruturas caríssimas para acomodar amigos daqueles que têm como prioridade a perpetuação no poder?

Em todos os países existem legislação eleitoral, assim como a trabalhista, o que não existe, no entanto, são estruturas gigantescas de justiça específicas da Justiça do Trabalho e da Justiça Eleitoral, são ambas formadas por varas especializadas dentro da justiça comum daqueles estados soberanos.

Entendo que, com a federalização da Justiça em todo o território brasileiro, as vagas nas Cortes Superiores seriam preenchidas pelos magistrados de carreira; portanto, sem quaisquer interferências do Executivo e do Legislativo, como ocorre hoje!

O modelo atual é o seguinte: o presidente da República faz a indicação e o Senado Federal aplica a sabatina e promove a aprovação, o que leva o candidato a ministro a ter que pedir votos aos senadores, além, é claro, de articular, por si, ou por interposta pessoa, sua indicação pelo chefe do Executivo. Esse quadro não se amolda aos padrões republicanos sérios, deixando, portanto, margem para conversas danosas à soberania da Justiça e da nação brasileira.

Esses tribunais são responsáveis, sobretudo o STF, pelo julgamento de todos os detentores de foro por prerrogativa de função (foro privilegiado) na esfera federal, onde, inclusive, estão, entre os detentores de tal prerrogativa, o chefe do Executivo, que indica os ministros e os senadores responsáveis por aprovar o nome indicado.

O mesmo ocorre em relação ao TCU. Os ministros são indicados pelo chefe do Poder Executivo e *ad referendum* do Senado. Temos observado que, por vezes, quem ocupa tais cargos são membros do Legislativo, o que torna ainda mais confusa a correlação de independência entre os poderes.

Mesma situação se dá em relação aos Tribunais de Segunda Instância e aos de Contas. Isso ocorre nos 26 estados e no Distrito Federal, revelando uma profusão de interesses que, ao fim e ao cabo, leva a sociedade brasileira a mais perdas.

Como exemplo podemos citar o caso do Tribunal de Contas do Estado do Rio de Janeiro; em 2017, seis dos sete membros daquela corte de contas foram presos, sob pesadas acusações de crimes de desvio de dinheiro e recebimento de propina, tudo isso, segundo a denúncia, em conluio com o Poder Executivo daquele estado, membros do Poder Legislativo local e a Assembleia Legislativa do Estado do Rio de Janeiro (Alerj), à qual compete a sabatina e aprovação dos ministros indicados pelo governador. E, mais grave, aparece agora no cenário da tragédia da corrupção naquele estado uma suposta participação do chefe do Ministério Público estadual. Se isso se confirmar, entendo que devemos fechar o país para balanço e recomeçar de alguma maneira!

No caso do Rio de Janeiro, fica cabalmente demonstrada a nefasta e maligna mistura do Executivo e do Legislativo com o Tribunal de Contas do Estado (TCE).

Federalização do Ministério Público

Pelos mesmos princípios da federalização das justiças estaduais, entendo ser benéfico ao país a federalização dos Ministérios Públicos Estaduais, pois tal força ampliada e homogênea daria uma imensa agilidade à apuração de diversos delitos pelo país, podendo, a critério da conveniência e oportunidade, deslocar grandes contingentes de promotores públicos para agilizar a apuração de pesados delitos em qualquer parte do Brasil. Além, é claro, do compartilhamento de todos os bancos de dados, dando aos membros do MP uma visão geral de cada caso.

Federalização da Polícia no Brasil

Também entendo como benéfica, pelo mesmo raciocínio em relação à Justiça Estadual e ao Ministério Público, a federalização das polícias dos estados e do Distrito Federal, pois já se mostrou ineficiente o atual modelo utilizado no Brasil. As polícias civil e militar não conversam entre si, nem dentro dos próprios estados. Isso cria uma ineficiência que compromete a segurança de toda a sociedade. Penso que a federalização seria a melhor solução para resolver isso. Uma única Polícia Federal que absorveria todas as polícias dos estados e do Distrito Federal, unificando os procedimentos e compartilhando todas as informações em uma única base de dados no território nacional.

Hoje, os 26 estados e o Distrito Federal têm, cada um, seu efetivo policial. Com a federalização, todo esse efetivo pode ser otimizado, criando uma mobilidade maior, com seu efetivo podendo participar conjuntamente de quaisquer ações, independente das atuais fronteiras dos estados. Isso criaria uma rede de informações capaz de coibir muitos dos delitos hoje praticados, bem como geraria uma enorme mobilidade dos efetivos da Polícia Federal unificada.

É comum haver grandes emergências em um estado, que quase sempre foi mal administrado por longo período, que, em curto espaço de tempo, acaba por contaminar muitas regiões do país. Basta um único governador fraco para criar situações capazes de abalar as estruturas do país todo.

O combate aos diversos tipos de delitos não pode seguir o viés ideológico de quem quer que seja. Essa é uma questão do Estado brasileiro, e como tal deve ser tratada. Vimos por décadas governos coniventes com os mais variados tipos de delitos, por ideologia ou conivência, que por vezes são seus partícipes.

Somente um comando unificado, com o compartilhamento das informações em âmbito nacional, será capaz de deter a escalada delituosa hoje instalada no Brasil. De nada adiantam boas ações pontuais, deve ser uma política nacional, cujas operações e o *modus operandi* sejam os mesmos em todo o território nacional, bem como que todas as informações sejam compartilhadas em tempo real.

O controle das informações não deve ficar a cargo de cada polícia, como ocorre hoje. Esses dados, dispostos em uma única base nacional, dariam muito dinamismo às investigações, bem como tornar-se-iam transparentes as ações de toda a corporação, de forma a impedir abusos de poder ou outros abusos pouco republicanos, que por vezes vemos nos noticiários do país.

As corporações das polícias nos estados não têm a atenção necessária dos chefes do executivo. É comum ver, por exemplo, no estado de São Paulo uma companhia de polícia sem um local para sua instalação. Portanto, para que o estado mais rico da nação possa resolver isso, é preciso que a sociedade local se mobilize para ampará-lo. Temos hoje a Polícia Civil de São Paulo sem rádio de comunicação, dentre outros absurdos! Fruto de governos fracos, pouco eficientes e descompromissados com as forças de segurança e a população!

Como podemos cobrar de homens que arriscam suas vidas 24 horas por dia que se submetam a situações degradantes sem as mínimas condições de trabalho, como podemos observar em diversos estados dessa "Federação"? Faltam coletes de proteção, as viaturas estão caindo aos pedaços e, por vezes, nem combustível há.

De outro lado, temos presídios caindo aos pedaços e superlotados. O atual modelo prisional no Brasil não ressocializa ninguém. Não é possível que mesmo os apenados possam ser tratados como bichos; pois, ao saírem de lá, estarão muito piores do que quando adentraram aquele recinto. A condição degradante em que são mantidos os presos no Brasil é, sem sombra de dúvidas, um importante fator de aumento da violência.

Dever-se-ia, sim, ensinar-lhes uma profissão digna para, quando de seu regresso ao convívio social, poderem contribuir com a sociedade e se manterem fora da criminalidade. Mas, ao contrário, esse modelo de presídio brasileiro é, na verdade, uma eficiente escola superior do crime, uma espécie de pós-graduação para a criminalidade!

Faz-se urgente a criação de um modelo único de presídio no qual todos possam contribuir para seu próprio sustento por meio de uma produção, ou seja, o aprendizado de uma profissão, que será de grande valia para o futuro desses detentos e da sociedade em geral.

O aumento da eficiência, assim como a redução de gastos com esses novos modelos de justiça e polícia federalizados, será monumental. É claro, muita gente vai sobrar nessa reorganização. Portanto, todos os que têm estabilidade serão mantidos. Com o tempo e as aposentadorias, esse contingente vai sendo adequado à realidade do país. O importante nesse caso é cessar o excesso, ou seja, a cada dia são feitos novos concursos para recomposição dos quadros e/ou aumento dos efetivos que, conforme demonstrado, funcionam em sobreposição nos dois casos tratados neste capítulo.

E, para os desavisados, não me venham dizendo que os orçamentos são diferentes, pois todos eles têm a mesma origem, ou seja: o meu, o seu, o nosso bolso; portanto, dispô-los de forma diferente é uma questão de tratamento legal e administrativo.

19. Da ligação dos grandes centros produtores de alimentos aos mercados consumidores e aos portos e aeroportos do país

Na área de transporte de passageiros é necessário criar uma rede ferroviária de alta velocidade ligando as principais capitais do país, com a alimentação por ramais das cidades médias, como forma de desenvolver os negócios, dentre estes, o turismo.

O Brasil possui grandes jazidas de minério de ferro e também é detentor de quase todo o nióbio existente no mundo; ou seja, possui algo em torno de 87 a 88% de todas as reservas. Com esse imenso potencial, o Brasil pode produzir todo o aço necessário para a construção de suas ferrovias, e ainda se tornar em curto tempo o maior exportador de chapas de aço do mundo.

Para se ter uma ideia do potencial do nióbio, e, portanto, do seu valor, demonstraremos a diferença entre fundir o aço usando mistura de carbono em comparação com a utilização do nióbio. Para se produzir o aço mais utilizado no mundo, para cada 100 quilos de minério de ferro são adicionados 2 quilos de carbono.

Utilizando o nióbio, para cada 1.000 quilos de minério de ferro adiciona-se 100 g de nióbio, obtendo-se um aço superior, utilizado na fabricação de turbinas de avião.

Com todo esse potencial, o Brasil já deveria estar na vanguarda mundial das grandes nações com povo bem-educado e próspero, não fosse despreparado e vítima de desgovernos que se retroalimentam ao longo do tempo.

Num país com as dimensões do Brasil e a riqueza mineral que possui, faz-se necessário traçar novos planos de desenvolvimento com base em transporte ferroviário, fluvial e inclusive de cabotagem, modalidades pouco utilizadas atualmente. Tudo isso em um sistema misto, no qual os caminhões façam pequenos percursos, em trechos onde não seja economicamente viável a implantação de ramais ferroviários – ou seja, os caminhões devem fazer o abastecimento da grande rede ferrovia/portos.

Os portos precisam de modernização e incremento em sua administração. É preciso cortar as amarras que impedem o bom funcionamento com custos compatíveis aos melhores portos do mundo. Embora nossa qualidade esteja aquém dos melhores do mundo, os preços os superam.

Temos um enorme potencial de exportação. Porém, a desorganização do setor é tamanha que nossos produtos se tornam muito caros, inviabilizando um crescimento adequado às necessidades do Brasil. Resolver isso está em nossas mãos.

Com a construção de estradas de ferro cortando e interligando o Brasil de norte a sul, de leste a oeste, podemos criar as condições adequadas ao desenvolvimento sustentável e permanente. Isso é possível se combinada uma série de medidas para cortar os vícios e desenrolar os novelos do atraso e da corrupção que permeiam tudo que se pensa em fazer no Brasil.

Não se pode conceber que, para implantar uma ferrovia, como é caso da ferrovia norte-sul, que se arrasta há anos sem uma conclusão, o encarregado do serviço pelo governo tenha que adquirir as terras por onde ela vai passar para depois lucrar com a valorização provocada pelas melhorias implantadas com o dinheiro público, tampouco aceitável que seu curso seja desviado para atender aos interesses de apaniguados políticos do governo. O desenvolvimento de um país não pode ser permeado por interesses pessoais; isto é, faz-se necessário um projeto da nação, e não de um homem ou de meia dúzia deles!

É preciso construir com urgência nossa saída para o Pacífico como forma de diminuir distâncias e baratear nossos produtos, tornando-os competitivos nos mercados da Europa e Estados Unidos.

Os agricultores brasileiros são produtivos, porém, o escoamento da produção consome todo seu lucro, deixando-os, por vezes, em condições degradantes, sendo obrigados a vender o fruto de seu trabalho a atravessadores por não ter como estocar adequadamente sua produção por um preço justo e adequado à realidade do mercado mundial.

A rodovia Transamazônica virou lenda, parecendo-se mais, em determinadas épocas do ano, com uma paisagem de guerra onde foram feitos intensos bombardeios. Porém, é por ali que passa nossa produção de grãos. Como é possível aumentar nossa produção em tais condições?

Ainda assim, com todos esses percalços, o brasileiro produtor rural bate novos recordes de produção a cada ano. Nota-se que, nesse particular, fala se muito, mas faltou uma ação competente dos governos do Brasil ao longo de algumas décadas.

Nesse contexto, o Brasil está perdendo uma oportunidade de ouro para se firmar como um dos mais importantes celeiros do mundo. Temos terras férteis, um povo trabalhador e o investimento adequado no campo, mas falta a infraestrutura necessária para fechar o círculo, visando torná-lo virtuoso e duradouro.

Não é crível que com todas as condições necessárias – clima temperado, boa terra, uma extensão cultivável das maiores do mundo – não conseguimos nos sobressair por falta de uma estrutura básica de logística de transporte.

No Brasil perdemos milhares de vidas todos os anos em nossas abarrotadas estradas. São 47.000 mortos, e já tivemos outros cerca de 470.000 feridos por ano, durante vários anos, nesse vaivém insano em que se transformaram nossas estradas. Uma mistura macabra de carros de passeio, caminhões e carretas. O principal meio de transporte dos brasileiros é o veículo motorizado em constantes competições com nosso maior meio de escoamento da produção, carretas e caminhões. O resultado disso são milhares de vidas perdidas a cada ano, em uma guerra silenciosa que mata muito mais do que todos os conflitos em andamento no planeta.

Em razão disso, faz-se necessário discutirmos outros meios de locomoção de passageiros, bem como formas de escoamento da produção.

Falaremos agora da mobilidade interestadual, ou seja, o fluxo de pessoas em deslocamento pelo Brasil, seja a trabalho ou a passeio. É necessário desenvolvermos uma eficiente rede de transporte ferroviário que atenda às necessidades de mobilidade interestadual de forma a estabelecer com rapidez a ligação entre as principais capitais do país por meio de ramais ferroviários de alta velocidade.

A criação de grandes linhas ferroviárias ligando os grandes centros urbanos possibilitará um rápido desenvolvimento do nosso país, que, do ponto de vista econômico, será importante e, claro, poupará milhares de vidas perdidas a cada ano em nossas estradas, além de propiciar um forte alívio aos serviços de saúde, que têm de cuidar daqueles 470.000 feridos por ano.

Todo esse contingente impacta pesadamente o sistema de saúde e o INSS. Por vezes, as sequelas deixadas são permanentes, gerando incapacidade para o trabalho e/ou uma diminuição da capacidade laboral. Isso por si só já constitui uma imensa tragédia humana, capaz de justificar uma guinada em nosso modelo eleito para a movimentação de pessoas e cargas em nosso país.

A ligação dos grandes centros urbanos com as médias cidades, que, por sua vez, é feita por ramais ferroviários que se interligariam às grandes linhas tronco, possibilitaria uma melhor integração entre as regiões dos estados com o restante do país, possibilitando, assim, uma grande economia. Com isso, a economia brasileira se tornará pujante e revigorada.

Os deslocamentos por estradas, além de caros, são inseguros. Os limites de velocidade não são suficientes para um rápido deslocamento entre um ponto e outro, fazendo que se perca muito tempo com coisas corriqueiras. Um turista estrangeiro em visita ao nosso país não pode perder horas intermináveis em deslocamentos, o que em outros países é facilitado basicamente por boas ferrovias. Resolver isso é fundamental para o desenvolvimento da nossa economia.

As grandes estruturas, bem como as coisas banais, podem ser resolvidas com um planejamento estratégico em médio prazo.

O homem chegou à Lua na década de 1960, mas o Brasil, em 500 anos de existência, não conseguiu resolver o problema do escoamento da sua produção mineral e agrícola! Veja nosso gargalo ferroviário. Temos hoje a mesma malha ferroviária de cem anos atrás, ou seja, o histórico da malha ferroviária brasileira é, no mínimo, irônico. Para que se tenha uma ideia, dos mais de 29.000 quilômetros de ferrovia que existem, cerca de 10.000 foram construídos pelo Imperador Dom Pedro II. Tudo isso aliado a uma velocidade baixa que a cada década diminui por falta de investimentos.

Esquecendo-se dos interesses menores, a corrupção e os entraves criados por burocratas dos governos evidenciam a absoluta falta de interesse e um melhor preparo intelectual de nossos governantes associado à falta de capacidade administrativa e de gestão. O despreparo que notamos em boa parte de nossos governantes é gritante. O resultado de suas administrações, por óbvio, não poderia ser outro senão a desorganização da economia e um crescimento pífio, quando ocorre!

Nossa produção de milho, soja, feijão e outros grãos, que já é grande, poderia ser aumentada em quatro vezes sem a necessidade desmatamento.

A oportunidade perdida pelo Brasil certamente será aproveitada por outro país. Daí decorre o problema: uma vez perdido um mercado, restará ao Brasil correr atrás de uma fatia que já poderia ter consolidado.

É sabido que um vagão de trem transporta o equivalente a cerca de dez carretas com o custo de apenas uma!

São vários os entraves para o transporte por caminhão. As estradas mal preparadas em boa parte do território brasileiro, e em alguns estados com estradas boas, o que mata é custo dos pedágios, tudo isso aliado ao alto custo dos combustíveis e condições estafantes de trabalho dos profissionais do volante.

Com a recente lei do descanso do motorista a cada seis horas, mesmo sendo obrigatória, ainda não existe uma rede de pontos de parada segura para que cumpram a lei. O que resta é o arrebite (droga) para encarar o estradão. O resultado dessa combinação são milhares de vidas perdidas todos os anos em nossa malha rodoviária.

Se implantada uma boa malha ferroviária, interligada a uma boa estrutura de portos e aeroportos, podemos incrementar nosso comércio com um crescimento virtuoso em poucos anos.

Os mesmos rios que aceleraram o processo de morte do Major Policarpo Quaresma no século passado continuam aí, precisando ser explorados para navegação.

Policarpo Quaresma, que acabou morrendo confinado em uma ilha por sua própria corporação, fez um mapa completo de toda a bacia hidrográfica do Brasil, e foi o maior entusiasta da utilização da navegação como meio de transporte de passageiros e cargas, porém defendia, dentre essas ideias, a adoção do tupi-guarani como língua oficial do Brasil.

Nos dias de hoje perde-se muito tempo em estradas a um custo muito elevado, não só o custo financeiro, mas uma excessiva perda de vidas humanas. Nosso trânsito mata mais do que muitas guerras ao redor do planeta.

Sem condições de um descanso justo, muitos dirigem às vezes por 24 horas sem parar mediante artifícios não recomendados, os chamados "rebites", mesmo com a legislação que lhes permite descansar a cada seis horas, pois não há nas estradas pontos seguros para isso.

A navegação de cabotagem é aquela cujos barcos navegam sempre rente à costa, ou seja, criam-se rotas que percorrem grandes regiões navegando sempre próximo ao continente! Com isso, poderíamos abastecer boa parte do país sem grandes investimentos.

Nosso país é quase todo banhado pelo mar. Além disso, temos grandes rios navegáveis, que, em grande parte do país, são pouco utilizados para o transporte de cargas e pessoas. Não se pode desperdiçar todo esse potencial natural.

Não estou defendendo o tupi-guarani como língua oficial do Brasil, mas o resto eu defendo. Certo estava o Major Policarpo Quaresma.

20. Do desenvolvimento do turismo interno e externo no Brasil

A facilidade de locomoção a preços justos torna atrativo e vantajoso viajar pelo Brasil, mas, claro, desde que haja uma melhora dos meios de transporte e da infraestrutura nas cidades.

É preciso construir e melhorar a rede hoteleira hoje existente no Brasil. Sem isso, o setor de turismo fica estrangulado. Há um imenso potencial de crescimento, somos um dos países mais bonitos do mundo, porém faltam elementos básicos para que possamos atrair mais turistas, e que estes possam indicar outros, além, é claro, de retornarem outras vezes ao Brasil.

Será preciso um imenso programa de treinamento aos guias, além de cursos de idiomas, para que se sintam preparados para atender com cortesia e conhecimento nossos visitantes. Os setores auxiliares, tais como taxistas, guias turísticos, médicos, dentistas, garçons, manobristas e outras profissões correlatas, também precisam de capacitação técnica para lidar com esse público oriundo não só do próprio país, que em si já é um continente, mas com outros de nações e origens diversas.

A falta de planejamento na utilização dos recursos naturais e a poluição que geramos no meio ambiente

Os ocupantes da superfície do planeta Terra sentem-se seus donos sem ao menos conhecê-lo. Não sabemos quase nada sobre os seres vivos da superfície, muito menos daqueles que habitam as profundezas dos mares e, eventualmente, de outras camadas da própria da terra!

Em relação aos mares, temos os da superfície e outros tantos ocultos nas profundezas da terra, dos quais nada sabemos.

O orgulho e a ignorância dos seres humanos não lhes permitem conhecer nem a superfície em que vivemos. Achamo-nos o centro do universo. Será?

Se pararmos um pouco para pensar sobre a origem do homem, logo podemos imaginar que falta muito a explicar; por exemplo, quantas camadas tem a Terra? Quantas dimensões existem no mesmo espaço em que vivem? Quais são os reinos aqui na Terra que sequer conhecemos? Quantos mares subterrâneos existem? Qual a influência da nossa existência nesses demais reinos? E, o pior, qual o limite da tolerância deles em relação a nós? Até onde serão tolerados nossos abusos? Destruímos a cobertura vegetal do planeta, o que certamente afeta todos os reinos que dependem desse ecossistema equilibrado.

Quais os efeitos desse desequilíbrio nos mares subterrâneos? É certo, no entanto, que estamos nos matando um pouco a cada dia. Precisamos fazer uma séria reflexão antes que seja tarde!

Há desenhos espalhados pelo planeta que não podem ter sido executados por seres humanos, o que nos leva a imaginar tratar-se de uma civilização superior à nossa. A pergunta é: onde eles estão?

Estão acima ou abaixo da terra? Nós procuramos civilizações em planetas distantes. Modestamente, acredito que estamos procurando no lugar errado. Tenho uma grande desconfiança, e até chego a acreditar que uma civilização muito mais avançada, que um dia habitou esse planeta, possa estar vivendo confortavelmente abaixo de nós, não acima, como acreditam alguns.

As intempéries desse planeta podem ter provocado uma fuga em massa para um lugar mais tranquilo. Nosso subsolo seria um lugar agradável, você não acha?

Não conhecemos nada do nosso planeta. Qualquer coisa pode acontecer abaixo da terra, nós não notamos. Alguns casos são relatados em lugares diferentes do planeta; são aparições esporádicas de seres estranhos a nossa civilização. Alguns acreditam tratar-se de seres de outra dimensão, porém, podem simplesmente viver em nosso planeta, em cavernas ou em outra dimensão ao nosso lado, sem que os notemos; porém, de alguma forma nossa ação afeta a segurança deles, seja pelo desmatamento, seja pela poluição do ar, dos mares, da atmosfera, das águas, dos lençóis freáticos ou, ainda, pelo aquecimento que estamos provocando por conta do nosso consumo desenfreado. Tiramos da natureza muito mais do que ela é capaz de repor; portanto, são recursos finitos!

Nem quero imaginar que o único planeta habitável do universo seja o nosso. E se todos os seres existentes dependem deste planeta, torna-se difícil imaginar o limite de suas tolerâncias com nossa grotesca ignorância. Até porque, *data maxima venia*, não se descobriu qualquer outro planeta habitável além deste.

Certamente não estamos sós. Saber quem são nossos vizinhos é o grande mistério!

21. O aquecimento global é um dos efeitos do nosso modo de vida

O aquecimento global afeta todo o planeta, interferindo no ecossistema como um todo. Assim, todos que dele dependem entram em estado de alerta máximo. Podemos ser nós as principais vítimas de nós mesmos, seja por absoluta destruição das condições de vida na Terra e/ou por revolta de outras civilizações que dela dependem. Nesse contexto, torna-se forçoso imaginar até onde seremos tolerados em nossa desventura suicida!

O derretimento das geleiras não atinge apenas as camadas da superfície da Terra, mas certamente tem influência nas camadas subterrâneas deste planeta. Diante disso, a pergunta é: quais reinos habitam nossos subterrâneos e em que medida serão afetados? A resposta deles a essa agressão é um mistério que deveria incomodar a todos!

Precisamos preservar este planeta, cuidar do nosso consumo, reciclar o que puder e aprender a viver com menos, pois, neste caso, menos é mais.

Nossa segurança, bem como nossa existência, dependem disso!

A natureza é sábia. Nela tudo é corretamente organizado. Nós, seres humanos, ditos inteligentes, não conseguimos limpar nossa sujeira deixada no planeta.

A natureza tem seus faxineiros. Os urubus e as hienas, dentre outros seres, cuidam da limpeza da terra. No mar, todos os seres nele viventes cuidam da limpeza de seu ambiente. Os únicos que não cuidam do lugar em que vivem somos nós, os homens. Somos os grandes porcos do planeta, e ainda assim nos gabamos, nos autoproclamamos "seres inteligentes".

Poluímos a terra, os mares, o ar, os lençóis freáticos, a atmosfera, matamos várias formas de vida sem sequer conhecê-las por absoluta incompetência, além, é claro, de uma enorme arrogância. Diante desses simples fatos, já podemos dizer que de inteligência nada temos, somos apenas mais uma das diversas formas de vida que habitam este planeta. Acredito que sejamos os mais destrutivos de todos.

Um dia, quando for muito tarde, certamente choraremos as chances perdidas, o tempo desperdiçado. Talvez, a esta altura, não seja possível reverter nossa trajetória destrutiva de nós mesmos.

O aquecimento global já é uma realidade, ainda assim muitos não acreditam, mesmo estando seus efeitos debaixo de seus olhos.

Nosso cérebro parece ser uma das mais brilhantes ferramentas conhecidas deste planeta, porém não somos capazes de deter nossa própria e acelerada autodestruição!

Com a elevação dos níveis dos mares, muitos países baixos simplesmente deixaram de existir, suas populações terão que migrar Deus sabe para onde neste planeta cada vez mais cheio. Hoje vemos, assombrados, o flagelo de povos fugindo das guerras, sem rumo, sem lugar no mundo. Podemos imaginar nações inteiras mudando às pressas. E pode acontecer em breve, basta observar os avanços do mar em diversas regiões do planeta.

Com o derretimento acelerado das camadas polares, logo essa água se espalhará para algum lugar, ou seja, os níveis dos mares se elevarão com consequências desastrosas para todos os povos.

Os atingidos diretamente terão que migrar, os demais serão afetados pela imigração destes, e, assim, todo o planeta entrará em situação delicada, podendo ocorrer imensos conflitos em toda a terra!

Existem fortes razões para acreditar que perderemos boa parte da nossa faixa litorânea, com imensos prejuízos materiais, e, caso não haja uma fiscalização e orientação eficaz do poder público, também teremos uma enorme perda de vidas humanas. Tudo isso provocado pela elevação do nível do mar.

Por outro lado, o aquecimento global provoca a desertificação de grandes faixas de terra em algumas regiões do planeta, o que dificultará o fornecimento de alimentos e certamente causará muitas guerras.

A falta de água potável e a fome serão os piores dos efeitos. O avanço dos mares, que invadirão importantes fontes de água doce, aliado a uma forte desertificação do solo em diversas regiões do planeta, trará como consequência a seca de outras fontes de água doce.

Nesse cenário certamente não teremos água potável para todos os 7 ou 8 bilhões de pessoas. Esse avanço dos mares por certo atingirá os lençóis freáticos e reservatórios subterrâneos de água doce, além, é claro, dos rios e lagos na superfície.

Uma possível saída seria a dessalinização dos mares, porém, é um processo muito dispendioso e demorado, cujos investimentos devem ser feitos a longo prazo, o que não atende a uma emergência dessa monta.

Trata-se, portanto, de uma tragédia anunciada. Os chefes de diversas nações não acreditam nessa possibilidade, o que eleva o grau de dificuldade em lidar com uma possível tragédia de tamanhas proporções. Muitos líderes fazem-se de surdos e não apresentam qualquer projeto capaz de deter a escalada do aquecimento global, demonstrando, assim, nenhum comprometimento com nosso planeta!

O desaparecimento de grande parte da selva amazônica será um importante impulso rumo ao nosso martírio. O desequilíbrio no clima é visível hoje, não é mais possível prever com certa regularidade o comportamento das chuvas, o que, até pouco tempo, era feito pelos agricultores de décadas atrás sem nenhum equipamento, apenas observando as nuvens e as estações do ano.

Nossos governantes observam o desastre sem tomar qualquer providência de natureza mais efetiva, tais como: colocar na cadeia os grileiros e os facilitadores da destruição, sejam eles agentes públicos ou privados.

A Amazônia pede socorro, mas os feridos mais graves nessa absurda guerra seremos nós, os agressores inconsequentes. Os efeitos nefastos dessa sandice terão seu preço creditado à nossa burrice quando chegar nosso sofrido e desconcertante fim!

22. Do crescente uso de entorpecentes no Brasil

Muito se discute até onde a sociedade pode se intrometer em determinados comportamentos e/ou decisões de seus cidadãos. Nesse ponto, segundo minha ótica, há inúmeras controvérsias, negativas e positivas. Positivas no sentido de que a sociedade deve, por meio de seu ordenamento jurídico, intervir de forma incisiva.

Vejamos alguns exemplos: se um cidadão decide ter 20 filhos, a sociedade pode intervir neste caso? Entendo que sim, salvo se sua condição socioeconômica permitir tamanha extravagância, pois, do contrário, a conta dessa insanidade ficará para toda a sociedade pagar!

De antemão, para inibir alguns pensamentos daqueles que concebem a figura do governo como grande pai dos fracos e oprimidos, posso lhes dizer: não existe a figura do governo, é apenas uma figura jurídica abstrata criada para administrar os recursos da sociedade, nada mais. Afasto também a falsa ideia de que o governo deve amparar os incautos cidadãos que, por desídia pessoal, decidem, por exemplo, ter um número exagerado de filhos; não estudar; não se profissionalizar; não trabalhar; não contribuir para a Previdência Social; ou seja, não pensar em futuro algum. Isso porque a figura do estado, bem como a do governo não existem. O que existe, no entanto, é a sociedade, que por meio do voto coloca alguém à frente da administração de seus recursos. Todo o dinheiro para alimentar as insanidades cometidas no Brasil sai do bolso da sociedade, em razão disso, ela pode e deve, na forma da lei, intervir na decisão e em determinados comportamentos anômalos de seus membros como forma de evitar futuros acontecimentos em desfavor de toda a sociedade, bem como deve coibi-los de forma incisiva para que não venham prejudicá-la no presente e no futuro!

Acredito que o legislador brasileiro andou muito mal ao descriminalizar o consumo de drogas no Brasil. Ao assim fazer, terminou por criar um mercado promissor para os traficantes. Ora, se consumir não é crime, e não há pontos oficiais de venda, onde se imagina que os usuários vão buscar a droga? No mercado negro, é claro.

Esse grande mercado negro, como sabemos, é alvo de acirradas disputas por seu controle, que levam à morte não só seus conflitantes, mas muitos cidadãos que nada têm a ver com o comércio, o consumo e/ou a distribuição das "mercadorias", cujo comércio foi potencializado por uma legislação permissiva de 2006. Essa lei é muito nociva à maior parte da sociedade brasileira! Liberou o consumo e o porte de pequena quantidade para consumo próprio; porém não legalizou o comércio! Ao fazer essa liberação tortuosa, elevou à enésima potência o consumo e a importância do negócio.

A carga tributária no Brasil é brutal, aproxima-se dos 40%, mas a venda de entorpecentes não é tributada, o que a torna o melhor negócio do mundo para os traficantes. Imagino que boa parte das mortes violentas seja fruto dessa briga para o controle das vendas e assuntos correlatos.

Os direitos dos trabalhadores do tráfico de drogas não são respeitados. O incrível em tudo isso é que a Justiça do Trabalho, tão violenta contra aqueles que produzem legalmente no Brasil, não se incomoda com os trabalhadores do tráfico. Serão seus trabalhadores diferentes dos demais?

Outro ponto interessante são os dependentes químicos em geral. Por vezes deles se ouve: "A vida é minha, faço dela o que eu quiser". Em determinada medida essa expressão é verdadeira, porém, a conta social que resulta de seus atos atinge toda a sociedade em razão do mau comportamento desses cidadãos. E prejuízos ao bancar suas rotineiras internações, o pecúlio que lhes será pago mais adiante, além de outros intermináveis tormentos que provocam na sociedade como um todo!

De outra parte, podemos observar casos como o do Rio de Janeiro, dentre outras capitais. O cidadão reclama da violência e do tráfico de drogas, porém muitos deles vão aos morros comprar o "bagulho", voltam aos seus confortáveis apartamentos na orla da praia e tomam um tiro de AR 15 que entra pela janela. Ora, o dinheiro para comprar a arma e a munição foi fornecido por esses cidadãos consumidores; aliás, só existem as guerras pelo controle do tráfico de entorpecentes em razão do consumo. Sendo assim, isso se torna um problema no qual a sociedade deve intervir, não apenas na distribuição, mas, principalmente, no consumo.

É bom lembrar que seu "barato" custa muito caro à sociedade, inclusive com a perda de muitas vidas inocentes. São dezenas de crianças mortas todos os anos vítimas de balas perdidas que vocês, usuários, financiam com seu vício. Vocês são tão assassinos quanto aquele que apertou o gatilho! O dinheiro para a compra das armas e das balas que matou sua filha, seu irmão, sua mãe, seu pai e outros membros da sociedade foi fornecido por você! Você, usuário, jamais poderá se desvencilhar das suas responsabilidades como financiador de toda essa barbárie sangrenta. Sua desfaçatez e sua covardia levam terrível dor a toda a sociedade. Com seu dinheiro você financia a morte e a vergonha deste país perante o mundo!

A guerra sangrenta e aterradora pelo controle do tráfico de entorpecentes só existe porque você a alimenta todos os dias, ou seja, você a financia com seu dinheiro, tornando-se, assim, partícipe de toda a matança que ocorre no país!

Não existe bom negócio se não houver um bom mercado comprador. Portanto, deixemos de modéstias baratas e de hipocrisias e falemos o português claro. Ou acabamos com essas bestas consumidoras ou elas acabarão com o país!

Depois de consumir e financiar a guerra, muitos usuários vão às manifestações sociais contra a violência e fincam cruzes nas areias da praia em sinal de protesto contra a violência. Quanta hipocrisia!

Ser complacente com os drogados e consumidores de drogas em geral só alimenta a guerra que vitima milhares de pessoas todo ano. Além disso, os reflexos sociais são imensos. A sociedade tem que conviver com situações como a "Cracolândia" em São Paulo, ruas sob os viadutos da cidade completamente tomadas por desocupados drogados que atormentam a vizinhança e todos que por ali precisam passar.

Por que temos que suportar isso? Entendo que a internação compulsória deve ser uma regra sem delongas. A sociedade não produziu esse estado de coisas, entrar para o mundo das drogas é uma decisão pessoal de cada indivíduo, e, portanto, suas consequências não podem ser distribuídas à sociedade, que nada tem a ver com as decisões tomadas dentro do chamado poder de decisão pessoal. Ao exercer seu livre-arbítrio, que cada um o faça com responsabilidade.

Além da perturbação social que provocam esses drogados, reunidos nos arredores de um bairro, acabam por perturbar a vida de todos os seus moradores. Essa permanência provoca uma desvalorização dos imóveis em toda a região e o comércio é destruído, pois os cidadãos com o mínimo de juízo não vão frequentar tal região; ou seja, a conta da desgraça por eles escolhida é, indistintamente, distribuída a toda a sociedade, que em nada contribuiu para seus vícios.

Esses grupos de desajustados devem ser segregados em regiões de tratamento ou clínicas que possam reabilitá-los. Após o tratamento, aqueles que puderem ser reinseridos na sociedade, que o sejam. E, após sua inserção, devem permanecer, na forma da lei, em situação de vigilância das autoridades por um longo período. A conta do seu tratamento lhes será apresentada, ficando pendente de pagamento, se for o caso, até que suas condições financeiras sejam favoráveis para quitá-la.

Tratá-los como coitadinhos não é a solução para acabar com essa pouca vergonha. Ninguém nasce drogado. Isso é procurado espontaneamente por cada cidadão, e, portanto, a conta de seus atos lhe pertence com exclusividade, não pode a sociedade arcar com os custos da irresponsabilidade alheia!

A sociedade tem como costume tratar drogados como doentes, é verdade. Porém, não é uma doença adquirida, e sim provocada por seu comportamento nocivo a sua própria saúde! Procuraram espontaneamente o vício; portanto, não nos cabe a conta de sua recuperação, bem como tolerar esse estado de coisas, convivendo com todo tipo de zumbis humanos perambulando pelas ruas das cidades, provocando desassossego social e prejuízos moral e financeiro aos homens e mulheres que cuidam de suas vidas no dia a dia.

Muitos dos defensores dessa desgraça social são usuários de drogas, que ao longo da vida bebericaram da seiva maldita, por isso acham normal solidificar sua falta de moral às futuras gerações!

O direito de um cidadão começa exatamente onde termina o direito do outro. Essa regra tem que ser preservada pelas autoridades competentes. O que se observa, no entanto, é que de há muito a situação já desandou. É preciso corrigir os rumos desta nação, se é que pretendemos ser uma nação forte um dia!

Diante disso, fica difícil imaginar que o legislador brasileiro, ao descriminalizar o uso e o porte de pequenas quantidades para consumo próprio, e sem regulamentar o comércio, tenha realmente encontrado o melhor modelo para a paz social em nosso país.

23. Conclusão

A estrutura política/administrativa do Estado brasileiro está muito pesada. Há um excesso de governos e de partidos políticos e, com isso, a carga tributária imposta ao povo é demasiadamente pesada. Temos uma tabela do Imposto de Renda defasada em mais de 80%, o que gera terríveis distorções e o enriquecimento ilícito do Estado sobre o cidadão. Além disso, possuímos uma exclusividade brasileira, que é o imposto sobre consumo. Este configura-se, pois, como o mais perverso de todos. Faz com que quem ganha R$ 1.000,00 por mês pague imposto igual a quem ganha R$ 100.000,00. E tudo isso para alimentar uma máquina pública onerosa e ineficiente.

Os 26 estados e o Distrito Federal têm suas estruturas inchadas. Temos excesso de partidos políticos, todos criados para participar dos governos, como se fosse esse o bem maior da vida das milhares de pessoas que se organizam nessas estruturas partidárias em busca do poder.

Não há diferenças ideológicas claras entre os tantos partidos organizados no Brasil. Isso afigura-se verdadeiro em razão do fato de se unirem em intermináveis coligações e sempre sob a pífia argumentação da identidade programática. Ora, se são verdadeiras essas centenas de coligações sob o manto da identidade programática, não seriam necessários os 35 partidos hoje em funcionamento, bem como não haveria espaço para os cerca de 60 novos partidos em formação.

Aos comandantes políticos de ocasião cabe determinar quem pode disputar os cargos de maior e menor relevância em nosso sistema político, o que de certa forma afigura-se perfeito em se tratando de uma democracia, em que a representação popular se organiza na forma de partidos. Cada agremiação tenta se diferenciar das outras por meio do seu estatuto partidário e de seu programa de governo.

Com o advento da Constituição de 1988, tornou-se mais fácil a criação de novos municípios. Naquele momento histórico os políticos brasileiros enxergaram nisso uma forma de alargar seus domínios, e criaram várias centenas de novas e minúsculas cidades, chegando ao absurdo de 1.016 novas cidades em dez anos. Ou seja, de 1991 a 2000 foram criadas 8,6 novas cidades por mês. Ao povo foi dito que haveria muita proximidade com o poder e que isso seria melhor para todos. Nesse verdadeiro balé criacionista, os únicos favorecidos foram os políticos, mentores intelectuais e criadores das novas cidades; ou seja, os de sempre. Ao povo sobrou mais contas a pagar. Um novo paço municipal, uma nova câmara com, no mínimo, nove vereadores e dezenas de assessores, além, é claro, de um número imenso de funcionários públicos para chamar de seu.

Hoje, entre ativos e inativos são 15 milhões de funcionários públicos, sendo que 6,3 milhões estão exatamente nessas milhares de pequenas cidades. Projetando a situação para vinte anos à frente, temos a expectativa de um número absolutamente estarrecedor. O funcionalismo público vem crescendo assustadoramente, ao mesmo tempo em que a massa de contribuintes ativos vem diminuindo por diversos fatores.

É preciso, pois, encontrar um ponto de equilíbrio que possa nos tirar dessa armadilha mortal representada pelas contas públicas.

O número de funcionários no Brasil é de cerca de 15 milhões, sendo que, deste total, o governo federal abriga cerca de 2,2 milhões; outro grande número está distribuído nos 26 estados mais o Distrito Federal, ficando o restante, cerca de 6,3 milhões, nos 5.570 municípios.[22]

Dever-se-ia aglutinar os atuais 5.570 municípios, cuja maioria são minúsculas cidades, em outros cuja população mínima resultante fosse igual ou superior a 20 mil habitantes. Em determinadas regiões será necessário unir cerca de 15 cidades para compor uma. Tomando como base o estado de São Paulo com seus 645 municípios, cada município recebe R$ 7,2 milhões por ano como cota mínima do FPM.[23] Com a proposta de aglutinação, o somatório desses recursos, considerando a aglutinação de 15 cidades, daria algo em torno dos R$ 108 milhões do FPM, mais IPTU, ISS e demais participações tributárias; por exemplo, as participações de cada município na arrecadação do IPVA das cidades aglutinadas ficariam em uma única cidade. Com isso, criar-se-iam as condições necessárias de investimento e melhoria da condição de vida de toda a população de 20 mil habitantes. Nesse exemplo de São Paulo, com a aglutinação de cidades teríamos uma forte redução do número de vereadores, prefeitos e assessores, considerando-se que em cada minúscula cidade existem uma Prefeitura e uma Câmara de Vereadores, com no mínimo nove vereadores e dez assessores cada. Seriam centenas de prefeituras e milhares de vereadores a menos, e uma forte

---

22 Dados do IBGE, 2012.

23 Esse fundo é formado por 24,5% do Imposto de Renda e 24,5% do IPI arrecadados em cada estado.

diminuição no número de assessores desses últimos. Prosseguindo nesse mesmo sistema, somente no estado de São Paulo a economia é muito grande. Esse modelo deve ser replicado em todo o Brasil, reduzindo as atuais 5.570 cidades para pouco menos de 2.300. Com isso conseguiremos refrear o crescimento vegetativo do quadro de funcionários públicos concursados – hoje, há o equivalente a um funcionário público para cada 13,6 brasileiros. Isso é impagável nos dias atuais. Projetando esse quadro para vinte anos à frente, temos que se chegará a 26 milhões de funcionários públicos, entre inativos e ativos. Tudo isso em um cenário de decréscimo da população brasileira.

Vários são os fatores para esse decréscimo:

1. Os brasileiros têm cada vez menos filhos;
2. No Brasil mata-se por ano 65.000 jovens – matamos mais que 200 países juntos, vários desses em guerra civil há décadas;
3. A falta de melhores perspectivas de vida inibe as pessoas de ter filhos etc.

Sugiro aglutinar as eleições de vereador a presidente da República em um único pleito, com realização de eleições gerais a cada cinco anos, diminuindo os gastos públicos despendidos a cada dois anos, e, de quebra, acabando com o trampolim político utilizado pela centenária classe política. A economia estimada a cada cinco anos é da ordem de R$ 22 bi, considerando a lei eleitoral e a autorização de gastos por candidato dos 35 partidos políticos hoje em operação no Brasil. Nesse contexto foi considerado que apenas cerca de dez partidos lancem chapas completas, o que nem de longe corresponde à realidade. Além disso, destravava o Brasil, retirando a costumeira desculpa de que não se pode fazer isso ou aquilo no período eleitoral.

Melhorar o marco legal, de forma a impedir o aparelhamento do Estado por partidos políticos que se alternam no poder, seja por eleição ou por composições de chapas, as quais, após a eleição, têm seus pleitos atendidos pelo eleito e, por meio de artifícios políticos, uma vez no poder, se entrelaçam, permanecendo por décadas dessa forma. A legislação deve garantir de forma clara que as funções de Estado sejam executadas por funcionários de carreira, sem as costumeiras interferências partidárias.

Acabar com o odioso imposto sobre o consumo, uma modalidade de tributação exclusiva do Brasil, que consiste no mais perverso imposto, segundo o qual quem ganha R$ 100 mil por mês paga o mesmo imposto de quem ganha R$ 1.000. Isso ocorre em toda a cadeia de consumo, desde alimentos, produtos, remédios, geladeira, automóveis etc. Com isso, onera-se de forma desigual os mais pobres!

Reduzir o número de partidos. É inconcebível administrar um país com 35 partidos políticos. Sabemos que há mais 60 partidos aguardando autorização para começar a funcionar. Diante do que vemos nos dias atuais, parece-nos que o único objetivo é abocanhar um naco do fundo partidário e dos bilhões de reais destinados às campanhas políticas, e, claro, o horário eleitoral gratuito, que vendem uns aos outros, cuja moeda de troca são mais ministérios e secretarias para acomodar as "forças politicas"!

Acabar com a reeleição para cargos executivos e limitar o número de mandatos de um parlamentar a dois consecutivos com o fito de evitar distorções, pois é sabido que um parlamentar com 20, 30 ou mais anos no poder torna-se sócio majoritário do governo por meio de sucessivas indicações políticas, gerando toda sorte de problemas, como, aliás, temos visto nos últimos anos em uma série de cabeludos escândalos.

Retomar nossas riquezas naturais, fazendo que sua produção beneficie os brasileiros, o que não ocorre hoje em relação aos minérios raros, como nióbio, grafeno, entre outros. Precisamos exportar bens de consumo, e não apenas matéria-prima, como fazemos há séculos.

Investir pesado em educação, melhorando a formação dos professores, dando-lhes condições de trabalho e salários justos. Construir um currículo escolar com semelhantes conteúdos, preservando as culturas regionais, no que couber e quando for o caso.

Fazer as privatizações necessárias e urgentes para diminuir o tamanho e a ineficiência da máquina pública, dando, assim, uma chance de desenvolvimento ao Brasil.

Realizar uma transformação na carreira da Magistratura, federalizando as justiças estaduais e acabando com as sobreposições. Com isso, criar-se-ia uma carreira sem remendos, pela qual um magistrado de primeiro grau chegará ao topo, ou seja, ministro do Superior Tribunal de Justiça e do Supremo Tribunal Federal por meritocracia, e não por indicação política, como ocorre nos dias atuais.

Federalizar as polícias estaduais com o objetivo de evitar superposições e unificar os procedimentos investigatórios e a distribuição dos dados a todo o território nacional. Com isso, além de ganhar dinamismo e velocidade nas investigações, haverá uma enorme economia de recursos do nosso combalido orçamento.

Mudar a forma de distribuição do dinheiro, fazendo que o dinheiro arrecadado fique nos municípios, e para a União e os estados vá apenas as cotas de cada um. Com isso, fortalecer-se--ão os municípios, além, é claro, de diminuir o poder de fogo da Presidência da República. Não é salutar deixar todo o dinheiro do Brasil nas mãos de um único homem.

Traçar o Brasil com ferrovias de grande velocidade, ligando os grandes centros em um grande anel ferroviário, e deste para o interior por meio de ramais, no qual transitariam cargas e passageiros em diferentes linhas férreas.

Reduzir a carga tributária deste país, fazendo que uma base maior possa contribuir com uma alíquota menor, aumentando, assim, a arrecadação de impostos.

Cortar um terço do Congresso e das Assembleias Legislativas dos estados e do Distrito Federal.

Implantar um sistema de eleições gerais a cada cinco anos, de vereador a presidente da República, diminuindo gastos a cada dois anos e evitando os trampolins políticos hoje utilizados.

Investir na reorganização da base turística do Brasil, desenvolvendo o potencial de cada região, o que passa por treinamento e uma melhor base hoteleira, além, é claro, de meios de transporte adequados.

Cinco meses de trabalho por ano é o peso dos impostos no Brasil. Nessa conta não estão incluídas outras coisas que por imposição legal, tínhamos que sustentar até recentemente, como, por exemplo, os sindicatos. São mais de 17.000 sindicatos que, através de contribuições compulsórias, também alimentávamos até a reforma da CLT, que finalmente pôs fim a esse maravilhoso mundo cor-de-rosa em que viviam seus dirigentes. Estes, por sua vez, estão atrelados a um dos últimos resquícios da Ditadura Vargas no Brasil, que é a CLT. Ao longo de décadas, ninguém teve coragem de mudar isso. Por conveniência pura, bancadas inteiras no Congresso são atreladas aos sindicatos! Dinheiro fácil e abundante, dividido aos seus e, principalmente, alimentando campanhas políticas de seus dirigentes, dentre outros favorecimentos pessoais, nepotismo, salários estratosféricos e por aí vai!

Há, ainda, cerca de 12.000 sindicatos aguardando a expedição da carta sindical para iniciar seu funcionamento. Produzir, como faz a maior parte dos brasileiros, eles não querem, mamar nas receitas públicas e no bolso dos trabalhadores é mais fácil!

Essa visão distorcida de uma realidade sindical em muito tem prejudicado o trabalhador brasileiro. Não sou contrário aos sindicatos, porque em certa medida são necessários; porém, não no modelo que se nos apresenta no Brasil. Um sindicato deve buscar seus filiados em suas bases territoriais, e assim legitimar sua atuação. Mais do que isso, deve legitimar sua existência tendo como base o número de filiados que conquistou. Não receber contribuições compulsórias feitas com subsídio em uma legislação arcaica como era a CLT até a entrada em vigor da reforma em 11 de novembro de 2017.

Nesse caso, mais uma vez se comprova que os políticos, em seus mais variados níveis, servem-se do povo, em vez de servi-lo. A pesada conta paga pelos brasileiros precisa com urgência ser diminuída, sob pena de provocar uma convulsão social com consequências jamais vistas por essas terras outrora lusitanas. Nunca se explorou tanto um só povo em tempo de paz e em plena democracia!

Uma democracia não pode ser usada para golpear seus nacionais nem qualquer outro povo. A política é necessária e vital para a vida em sociedade, e deve, portanto, ser exercida a bem da sociedade, isto é, a ela servir, não como tem sido a prática no Brasil. Por séculos nossos políticos serviram-se do povo, em vez de servi-lo! No Brasil, o povo é cavalgado pelos políticos que deveriam protegê-lo e fazê-lo prosperar. Porém, prosperam os representantes, os representados pagam a pesada conta oriunda do exercício rotineiro dos desmandos ou da repugnante corrupção que sempre assolou nosso país.

Há seríssimas denúncias quanto à concessão das cartas sindicais. Vários são os inquéritos e operações da Polícia Federal no sentido de desbaratar um grupo que tomou conta do Ministério do Trabalho há décadas. Informações divulgadas ao longo das investigações dão conta de uma cobrança de mais de R$ 3.000.000 por carta sindical concedida.

Já foram dois ministros do Trabalho afastados por ordem do Supremo Tribunal Federal. Situação grave que precisa de uma resposta eficaz e requer punição dos eventuais culpados!

Essa narrativa, e considerando todas as operações da Polícia Federal em curso no Brasil, nos dá a certeza de que a corrupção intenta contra os interesses do povo, e, o que é pior, por vezes se dá impulso oficial aos governos de plantão, sempre associados a alguém da iniciativa privada ou em conluio entre os da casa, conforme se depreende das diversas investigações em curso neste país.

Além da Operação Lava Jato, existem em curso no âmbito da Polícia Federal outras tantas operações, todas visando desbaratar quadrilhas ou bandos que praticaram desvio de dinheiro público. No entanto, o enredo não muda. Sempre políticos desviando de seus objetivos e, claro, desviando o dinheiro do erário para suas "quase" secretas contas. Nada, ou quase nada, mudou desde a descoberta e a colonização do Brasil por Portugal. Por aqui a roubalheira continua a mesma, às vezes crescente!

Fica um registro de minha tristeza em ver que, diferente do que acontece no Brasil, os ex-presidentes são reverenciados em diversas partes do mundo, como é o caso, nesse mês de dezembro de 2018, da morte do ex-presidente George Bush. Por aqui, temos o ex-presidente Lula preso e outros ex-presidentes a caminho da cadeia, sendo que o atual presidente, Sr. Michel Miguel Elias Lulia Temer, pelo andar da carruagem, terá imensas dificuldades com a justiça logo após deixar o cargo. Triste sina a nossa. Este país merecia melhor sorte!

Sobre o autor

Cloves Alves de Souza – Mineiro, nasceu em 20 de abril de 1960. Mora em São Paulo, SP, desde 1975. É casado com Vanda Rodrigues, pai de três filhos, Miriam, Cloves Júnior e Luciana e avô de três netos.

Advogado, atua em Direito Público e Ambiental. Sócio-fundador do Escritório Alves de Souza Advogados Associados. Foi assistente técnico da CIR (Coordenadoria de Integração Regional), da Secretaria de Planejamento do Governo do Estado de São Paulo (1991-1994). Ex-chefe da Secretaria Parlamentar da Câmara Municipal de São Paulo (1995-1996). Foi administrador regional de Santo Amaro – Prefeitura de São Paulo (1996-1997). Ex-assessor técnico legislativo da Câmara Municipal de São Paulo (1997-2001), onde chefiou os trabalhos da Relatoria da CPI da Máfia dos Fiscais e implantou a apresentação de Relatórios Parciais, foi diretor-geral da Câmara Municipal de Paulínia em 2012. Coordenou, com sucesso, vários candidatos a cargos do Executivo e do Legislativo.

Lançou, em agosto de 2016, o livro *Excelências bandidas: O império da corrupção no Brasil*, e sua segunda edição em setembro de 2017, ambos pelo grupo Novo Século.

Fatos marcantes da biografia

Minas Gerais
Infância e início da adolescência – Marcas do trabalho infantil

Nasceu em 20 de abril de 1960 em Governador Valadares, MG, filho de Maria Cândida e Manoel Alves de Carvalho. Fruto de um relacionamento entre empregada e patrão, conheceu seu pai biológico somente aos dez anos enquanto tomava um refrigerante em um bar de São José da Safira e foi abordado por ele.

Com apenas um dia foi sequestrado por uma desconhecida, mas recuperado por sua mãe na mesma data.

Depois desse acontecimento, a família materna – o tio Antônio Alves Carneiro e o avô José Alves de Souza – levou Maria Cândida e o bebê para o sítio Ribeirão Preto, nos arredores de São José da Safira, a 70 km de Governador Valadares, onde ele viveu até os 7 anos.

Dos 7 aos 13 anos viveu com os familiares no Garimpo Cruzeiro. Com a morte precoce do seu tio Antônio, aos 33 anos, a família perdeu todos os bens, tendo, inclusive, que vender o imóvel em que moravam por causa do golpe planejado pelo sócio de Antônio, que teve ajuda de um primo mais velho de Cloves. Sem recursos e perspectivas, foi vendedor de cigarros no garimpo, vendendo-os na porta de cada garimpo por unidade ou carteira, ganhando 10% do faturamento diário. Com o agravamento da situação financeira, sua família mudou-se para o bairro Quenta Sol, um dos locais mais miseráveis da minúscula cidade de São José da Safira – MG.

Entre tantos tristes episódios na sua infância, um fato ficou gravado em sua memória: sua ausência na formatura do curso primário por não ter condições financeiras, independentemente de ter ajudado a organizar e planejar todas as etapas do evento. "Não participei da cerimônia de formatura porque não tinha roupa nem sapato. Ouvia de longe a chamada da lista dos alunos, inclusive meu nome", lembra com emoção.

Depois, o autor trabalhou como ajudante de fábrica improvisada de tijolos, em fazendas da região, foi boia-fria e servente de pedreiro. Vivenciou um triste drama da sociedade brasileira – uma realidade persistente e perversa de desigualdade social e pobreza extrema, que castiga principalmente crianças e adolescentes, o que contribui para a exploração, a exposição a riscos e a violência em razão do ingresso precoce no mercado de trabalho em situação degradante, perigosa, insalubre e degradante.

Aos 14 anos, ainda trabalhou em locais inapropriados, como um bar em um garimpo do Cruzeiro em total situação de exploração: excesso de jornada de trabalho, exposição a violência extrema, como assassinatos raramente investigados e esclarecidos, más condições de trabalho e remuneração irrisória. Ali, permaneceu até dezembro de 1975, quando decidiu aventurar-se na capital paulista a convite de um primo. "O bar era o ponto de encontro e, por consequência, o local de acertos de contas. Parecia cena de filme de bangue-bangue. Constantemente assassinatos eram cometidos, sem nunca haver a presença de policiais. No dia seguinte, o coveiro, Sr. José Pinto, aparecia para tirar as medidas dos corpos e fazer o caixão para o improvisado funeral." Após o fechamento do bar, o autor dormia em uma espécie de porão nos fundos do estabelecimento!

São Paulo – Capital. Adolescência na periferia, choque cultural e alta vulnerabilidade social

O autor chegou à capital paulista em dezembro de 1975 com um par de chinelos, duas camisas Volta ao Mundo, uma bermuda e seu registro de nascimento. Decidido a quebrar o legado de miséria e fome, tinha em mente a disposição de enfrentar o desconhecido e a certeza de vencer na vida. Morou com parentes, mas, pela extrema pobreza das periferias paulistanas, foi morar nas dependências do local de trabalho de um primo, Onofre, funcionário do pub *drive-in* na avenida Santo Amaro com a rua Periquito. Por ajudar as garçonetes e lavar as bandejas e louças, recebia delas uma gorjeta que o auxiliava na condução para procurar emprego. Pela personalidade arrojada, conquistou os proprietários ao imitar o humorista e apresentador de TV Jacinto Figueira Júnior e ser craque em bilhar.

Para conseguir entrar no mercado de trabalho, Cloves precisou providenciar documentos básicos, como cédula de identidade e carteira de trabalho. Como menor, precisou do aval de Nílson Cordeiro Primo, amigo e conterrâneo que assinou no Ministério do Trabalho como seu responsável.

Até completar a maioridade, Cloves atuou em funções operacionais de baixa remuneração. Trabalhou como ajudante geral em uma fábrica de máquinas de assar frangos por seis meses; depois, como *office boy* em uma gráfica no Itaim Bibi, onde permaneceu até sua dispensa do Exército.

Habilidoso, ao sair do primeiro emprego de seis meses, investiu os recursos da indenização no aluguel de um quarto no Jardim Célia, Capão Redondo. Após instalar-se no local, trouxe a família para São Paulo. "Aluguei um quarto na periferia de São Paulo. Comprei armário, cama, fogão, mesa, panelas e duas cadeiras em uma loja de móveis usados no Jardim Ângela", relembra.

Militância sindical, movimentos sociais e populares

Em 1978, por intermédio de uma amiga, dona Angelita, ingressou como aprendiz de soldador em um tradicional fabricante de bicicletas, a Monark S/A, localizado na Chácara Santo Antônio, zona sul da capital. Na época, conheceu membros do Sindicato dos Metalúrgicos de São Paulo e iniciou a militância.

Com apenas 19 anos, em 1979, parou as atividades da empresa, então com 6.000 funcionários.

Demitido, foi destacado pelos integrantes do sindicato e admitido para ajudar a comandar o movimento grevista na Zona Sul até conseguir nova colocação como soldador. "O presidente respondeu que o sindicato não era asilo e rejeitou a proposta. Então, a multidão exigiu a reivindicação que minha contratação passasse por votação. Então, foi aprovada por unanimidade em uma assembleia com mais de 600 pessoas", relata.

Dez dias após assumir as funções e iniciar os trabalhos, foi preso pela primeira vez pelo DOPS.[24] Seguiram-se mais quatro prisões, destacando-se aqui a omissão de Joaquim dos Santos Andrade, mais conhecido como Joaquinzão, presidente do Sindicato dos Metalúrgicos de São Paulo. Nesse período, conheceu nomes da política nacional: Luiz Inácio Lula da Silva, presidente do Sindicato dos Metalúrgicos de São Bernardo do Campo e o Cel. Erasmo Dias, ex-secretário da Segurança Pública, a quem, após ser solto, de madrugada, em uma rua da Lapa, foi pedida, sem sucesso, a libertação dos demais sindicalistas presos no DOPS.

Após a saída do sindicalismo, trabalhou por quase dois anos como soldador na Jurubatuba Mecânica de Precisão, até ser desligado no final de 1981 em razão da crise econômica à época.

Casado, desempregado e com o aluguel para vencer, Cloves ingressou no movimento popular para moradia,[25] e tomou conhecimento de um grupo que se organizava para ocupar uma

---

24 Departamento de Ordem Política e Social, órgão de repressão aos movimentos sociais e populares. Centro de tortura durante o Estado Novo (governo Getúlio Vargas), retomou essas práticas durante a Ditadura Militar (1964-1984).

25 O déficit habitacional crescia ainda assustadoramente no país. Relegada a segundo plano por várias gestões governamentais e com políticas públicas ineficientes, a parcela mais carente da população vive momentos dramáticos nos grandes centros urbanos.

gleba de terra localizada na área da Represa do Guarapiranga, nas proximidades da Antena da TV Record, que pertencia a Orlando Haddad Maluf.

Em poucos dias, Cloves se tornou um dos líderes do movimento. Sua vida virou um verdadeiro inferno. Os amigos temiam que ele fosse assassinado pela polícia em razão do seu posicionamento forte e discurso inflexível, pois a mídia cobria suas ações diariamente. Vale registrar que um jornalista da TV acompanhou a rotina dos líderes por vários dias para garantir sua integridade física.

Com a reintegração de posse, os membros dos movimentos pela moradia aceitaram sair do local e ser transferidos para uma escola no bairro do Piraporinha. Na ocasião, a liderança negociou com o então prefeito de São Paulo, Reynaldo de Barros, a construção de imóveis sob o regime de mutirão. A Prefeitura lançou o desafio e duvidou da capacidade de execução das obras.

A Prefeitura cedeu uma área no Jardim São Luís e ali foram construídas 703 residências, sendo que as primeiras 68 tiveram as obras concluídas no prazo recorde de 45 dias. Nesse local nasceu a primogênita Miriam, em 1982, e os outros dois filhos. "Enquanto fui buscar minha esposa e o bebê, os vizinhos terminavam minha casa, colocando porta e janelas de tábuas reaproveitadas da obra", relembra, emocionado.

Política

O período de 1978 a 1982 caracterizou-se pela intensidade e ações transformadoras na vida do autor. Além da militância no sindicalismo e nos movimentos sociais e populares, outro mundo abriu-se para o jovem mineiro: o ingresso na política. Com raciocínio lógico e visões futuristas, conheceu membros do extinto

MDB[26] e, em 1979, participava ativamente do partido político. Desde então foi amigo e seguidor do Dr. Ulysses Guimarães, de quem se lembra com muito orgulho, pois nele reconheceu o homem mais íntegro da política brasileira, com quem conviveu até sua trágica morte em um acidente "nebuloso" às vésperas do impeachment de Fernando Collor de Melo.

Em 1983, ingressou no curso formação política no Ideac USP, tendo sido aluno de nomes brilhantes do mundo acadêmico nacional, como, por exemplo, dra. Maria Tereza Sadek, de professores convidados, como o então governador do estado de São Paulo, André Franco Montoro, e aquele que se tornou um grande amigo e inspiração para sua vida, Ulysses Guimarães. No ano seguinte, entrou no curso de Liderança Sindical na CET (Centro de Estudo do Trabalho) e se formou monitor.

No final dos anos 1980 assumiu a presidência do diretório do PMBD – Zonal de Campo Limpo. Pelas reivindicações populares junto ao poder público, construiu, inicialmente, o conjunto habitacional do Jardim São Luís, com mais de 1.000 unidades. Depois, participou ativamente da implantação de outros conjuntos habitacionais na zona sul (mais de 6.000 unidades).

No governo Fleury (1991-1994), aprovou o projeto para construção do metrô Capão Redondo, Santo Amaro, cujo traçado final, hoje já concluído, passa pelo entroncamento com a linha Norte – Sul, indo até a Chácara Klabin, beneficiando a população carente de transporte público na região.

---

26 Movimento Democrático Brasileiro, antigo partido político que abrigou os opositores ao regime militar contrário à Aliança Renovadora Nacional – Arena –, partido da situação. Com o fim do MDB, surgiu o PMDB em 1980.

No setor público, exerceu os seguintes cargos:

- Assistente Técnico da CIR (Coordenadoria de Integração Regional), da Secretaria de Planejamento do Governo do Estado de São Paulo (1991-1994).
- Chefe de Secretaria Parlamentar da Câmara Municipal de São Paulo (1995-1996).
- Administrador Regional de Santo Amaro – Prefeitura de São Paulo (1996-1997).
- Assessor Técnico Legislativo da Câmara Municipal de São Paulo (1997-2001), onde chefiou os trabalhos da Relatoria da CPI da Máfia dos Fiscais, das Obras Públicas da Cidade de São Pulo, dentre outros. Implantou e inovou o resultado dos fatos apurados com a apresentação de Relatórios Parciais na CPI da Máfia dos fiscais em 1999. Esta CPI cassou o mandato de vários vereadores, alcançando, inclusive, um deputado estadual recém-eleito oriundo da Câmara.
- Coordenou com sucesso vários candidatos a cargos eletivos do Executivo e do Legislativo.
- Diretor-geral da Câmara Municipal de Paulínia em 2012.
- Foi candidato a deputado federal pelo nanico Partido Patriota nas eleições de 2018 em São Paulo.

FONTE: Minion Pro

#Novo Século nas redes sociais